NIKS SPEL, KNIKKERS!

Voor Anna

YOUP VAN 'T HEK

NIKS SPEL, KNIKKERS!

THOMAS RAP – STAALSTRAAT 10
AMSTERDAM

'Niks spel, knikkers!' van Youp van 't Hek werd in de
herfst van 1989, in opdracht van Thomas Rap bv, gezet
en gedrukt bij Haasbeek te Alphen aan den Rijn.
Het bindwerk werd verzorgd door
Kloosterman te Amsterdam.
Omslagfoto: Pan Sok, Voorburg.
Omslagontwerp en typografie:
Rudo Hartman, 's-Gravenhage.
ISBN: 90 6005 323 0
De colums werden eerder gepubliceerd op de sportpagina
van NRC Handelsblad.

1e druk: november 1989
2e druk: december 1989
3e druk: december 1989
4e druk: januari 1990
5e druk: februari 1990
6e druk: maart 1990
7e druk: maart 1990
8e druk: april 1990
9e druk: mei 1990
10e druk: juni 1990
11e druk: juli 1990

INHOUD

OLYMPIC HENKIE

Wat doet een ioc-lid? Hij loopt parties af, doolt rond op recepties, drinkt champagne, logeert in luxe hotelkamers, reikt hier en daar een bekertje uit en vergadert eens in de vier jaar over de stad die de Olympische Spelen mag organiseren. De avond voor de vergadering vindt hij wat stapeltjes bankbiljetten onder zijn zijden kussensloop en de afzender van het dikste stapeltje kan op zijn steun rekenen.

De Hollandse zuinigheid werd in Lausanne kansloos laatste.

Blind is Vonhoff niet. Zo'n baantje als ioc-lid leek hem wel wat en hij heeft veertien dagen heerlijk kunnen lobbyen.

Natuurlijk is de man uitgekeken op het vlakke Groningen met de grootste gasbel en dito werkloosheid. Hij mag eens in een bubbelbad in Nieuwe Schans plaatsnemen of onder een borreltje ruzie maken met Neelie over het aantal postbodes dat zijn kant op moet komen, maar ruzie maken is binnen de VVD ook al een routineklus. Nee, Groningen is meer een bijbaantje dan een beetje serieuze dagtaak.

'Olympic Henkie' wilde wel eens over de grens en het liefst niet op eigen kosten. Daarom had hij het razend druk in Lausanne. De Amerikaanse afgevaardigde kan hem blind uittekenen en vroeg zich regelmatig af wat die beetje dikke man toch moest. Steeds werd zijn glas weer bijgeschonken door die uit de klei getrokken Hollander. Als hij zijn mond opendeed om te vragen wie hij nou eigenlijk was dan propte Henk er alweer een toastje kaviaar in. Gek werd de Amerikaan van hem en op onderonsjes van de IOC-leden werd een goede fles Bordeaux uitgeloofd voor degene die het ventiel van de man zou vinden en hem zou laten leeglopen!

Geesink kenden ze wel en Cruyff werd omhelsd en begroet als een oude vriend, maar wie was in hemelsnaam die Duitser?

Van Agt was te druk met de Japanners om te informeren naar de goede restaurants in het kloppend hart van Tokio. Van Thijn schaamde zich een beetje voor het gezelschap en trok zich steeds terug op het toilet terwijl hij niet moest. Hij had gewoon heimwee. Verder liep er nog wat ambtelijks mee en het grote wachten was op Lubbers, maar die kon ook niet veel meer doen. Zeker niet voor Henkie.

De afgelopen maanden is hij druk bezig geweest met de leden van het IOC en die vonden het altijd wel leuk als hij weer eens een keer belde en bedankten hem steeds hartelijk voor de heerlijke flessen.

Anton is het geworden. Logisch. De naam Vonhoff viel op de laatste vergadering en iedereen schoot in de lach.

'Weet je nog dat zijn vrouw buiten stond bij dat hotel,' gniffelde de vergadering nog wat na.

'Die vrouw die zo kwaad op hem was.' Ze hadden het nu over Saar Boerlage.

Zonder problemen werd er voor Geesink gestemd en afgelopen week stond Henk Vonhoff eenzaam voor zijn Groningse spiegel en was leuker dan leuk toen hij zei: *'Ik ben afgevallen'*.

EEN GEZONDE TRANSFER

Laat ik maar met de deur in huis vallen. Het gaat niet goed met me. De rug. Het is niet best met de rug. Woensdagochtend werd ik wakker en ik kon niet meer op of om. Persoonlijk geef ik de schuld aan de vele hotelbedden die in mijn vak beslapen dienen te worden. Mijn vrouw gooit het op het vele vreemdgaan in de provincie, maar ik heb haar uitgelegd dat je daar andere kwalen van krijgt. Maar goed. De rug. Woensdag werd ik hoogbejaard wakker en was binnen de kortste keren bij mijn fysio. Ik mag Pieter zeggen. Hij keek bezorgd.

'En je wilt vanavond optreden?' zei hij zacht.

'Ik moet,' riep ik grootmoedig.

Ik kom uit een goede middenstandsfamilie en daar verschijnt nooit een klant voor een dichte deur. Hij begon te kneden en al gauw hing ik kermend tegen het plafond.

'Toch weer die oude blessure,' zei hij en kabbelde wat door over zenuwen die op de plaats zaten waar spieren hoorden te zitten en andersom.
Vier jaar geleden kreeg ik last van mijn meniscus en daar had ik me aan moeten laten opereren. Dat heb ik niet gedaan. Daardoor ben ik verkeerd gaan lopen en dat had tot gevolg dat mijn linkerheup slijtageverschijnselen kreeg. De daaraan verbonden pijn heb ik proberen te ontwijken en door die houding zijn twee nekwervels scheefgegroeid en dat merkte ik pas bij het autorijden.
De haptonoom en de chiropractor zijn twee jaar met mij bezig geweest en ik heb alle krakersbolwerken van binnen gezien, maar niets mocht baten. Ik heb al deze bezoekjes altijd een beetje geheim gehouden voor mijn sponsors, maar dat mijn rug het eergisteren begaf was op zijn zachtst gezegd vreselijk.
's Avonds in De Kleine Komedie zat Joop van den Ende in de zaal en we waren het in principe al eens over een vierjarig contract. Per 1 augustus ga ik voor deze 'Amusementsindustrieel' werken en alleen wat details (waaronder een medische keuring) moeten nog geregeld worden. Hij was al een half jaar in de slag om mij in zijn stal te krijgen, terwijl ook John de Mol jr. en John van de Rest sr. regelmatig met mij uit eten

gingen. Joop bood mij echter een bruto jaarsalaris van vier ton plus een goede onkostenvergoeding en daar kon mijn schoonvader zich het best in vinden. Wat gaat er voorlopig gebeuren? Ik word komende maand geopereerd in Maastricht door dokter Ingreep (woordspeling!) en die verwijdert meteen de poliepen van mijn stembanden en regelt een minieme face-lift. Daarna teken ik het bewuste contract bij Joop, hoewel ik ook nog in onderhandeling ben met de manager van Rudi Carell over een eventuele Duitse overeenkomst. Hoewel 'leuk zijn' in Duitsland toch een hele klus is. Resumerend kunnen we stellen: de rechter meniscus wordt verwijderd, de nekwervels worden bijgesteld en de heup wordt doorgesmeerd. Mijn inkomen kent u nu ook en het enige wat ik u nog niet verteld heb is het transferbedrag dat mijn huidige impresario ontvangt.

Er wordt gezegd zeven, maar ik hou het op acht.

Ik ken de rat te lang.

Waarom al deze vertrouwelijke informatie?

Ik was de enige op deze sportpagina van wie u deze gegevens nog niet had.

TOPSPORTVRIENDELIJK

Dit is een dringende oproep aan alle jongens en meisjes die in de laatste klas van het vwo zitten en van plan zijn om volgend jaar te gaan studeren.

GA NIET NAAR GRONINGEN!!!!!

Daar gaat de universiteit namelijk een 'topsportvriendelijk' studiesysteem invoeren. Dat houdt in dat het programma van studenten die top willen sporten zo wordt aangepast dat hun studie er niet onder lijdt. Dus die komen nu naar het hoge noorden en niets is zo erg als topsporters in je omgeving. Allereerst stinken ze. Zelf valt die lucht hen niet op, maar ze stinken vreselijk. Dat komt door al die rare koolhydraatmuesliyochurttarwebolletjes en vreemde uitgebalanceerde enzymendrankjes die ze 's morgens om tien voor zes tot zich nemen. Je ruikt de zuurgraad van hun hamstrings en dat is een vreselijke bunzinggeur. Daarbij is het ook niet goed dat je in de collegebanken naast iemand zit die klaar wakker is. Die steekt zijn vinger op en stelt een slimme vraag. Daar word je als student niets wijzer van.

Studenten hebben de lucht om zich heen van ongewassen kleren, liefdesverdriet, mislukte spaghetti en tijdens het betoog van de dienstdoende professor moeten ze overal zijn, behalve bij de les. Studenten delen hun avonden met Lord Byron, Hegel, Bowie, Mahler, Scola, Kees van Kooten, Heineken, Asterix, elkaar of juist met niemand. En in de collegebank slaapt een student uit en wenst niet gestoord te worden door de venijnig krassende pen van een topsporter, die te goed oplet en aantekeningen zit te maken zodat hij het thuis allemaal vlug snapt en zich zo snel mogelijk kan terugtrekken in een zweterig en halterig hormonenzaaltje.

Daarbij moet een student met een andere student een beetje kunnen praten en het is algemeen bekend dat dat met een topsporter niet kan. Daar kan de laatste niets aan doen, maar de topsporter is vanaf zijn of haar puberteit vergiftigd door enge ouders met een gouden medaillesyndroom of door een Germaanse coach in een lichtblauw trainingspak die al zijn eigen mislukkingen op de pupil heeft afgereageerd en

14

de hersens van het kind gespoeld heeft met zwembadchloor, tijgerbalsem of turngrafiet. Dus die kinderen moet je niet lastigvallen met Klaas de Jonge, ABP, Bouwfraudes of de Kluwers van Harry van de Berg.

Ik vertelde een keer aan een hoogspringer dat ik in Berlijn was geweest en hij informeerde uitsluitend naar de hoogte van de muur. Laat staan dat je tegen een hordenloopster zegt dat er in Maassluis *tolueen* in de grond zit. Zij zal zeggen: 'Nou en? Dat staat toch niet op de lijst van verboden stimulerende middelen?'

Nee, topsporters moet je ver buiten de universiteit houden. Laat ze lekker hijgen, kreunen en steunen in het zuurstofrijke Papendal, geef ze een schriftelijke cursus vals starten en laat ze één keer per jaar vrij om hun kunstje te vertonen in Rome of Seoul, maar laat de studenten met rust. En zeker die van Groningen. Dat is namelijk de gezelligste stad van Nederland. Iedere nacht is de Grote Markt en omgeving één lange polonaise van sloerende en slempende types, die veel te diep in het bodemloze glas van hun jeugd hebben gekeken en als je niet uitkijkt is dat binnenkort voorbij. Dan is de stad vergeven van Oostduitse a-seksuelen die al bij het uitgaan van de film van zeven uur hun raam opengooien en roepen: 'ssssssssstttttttt'.

PROFESSIONEEL

Morgenavond heeft het eerst elftal van Dundalk afgesproken bij de voorzitter thuis om gezellig na te praten over hun uitje naar Amsterdam. Want wat hebben ze gelachen. Vorige week was het nog een heel gedoe geweest om genoeg auto's bij elkaar te krijgen en wat stom van Biggleton, de eigenlijke spits dat hij niet mee was gegaan omdat hij zijn goedlopende drogisterij niet in de steek kon laten. Donderdagmiddag zijn alle jongens hees van het zingen gearriveerd en gisteravond laat waren de verhalen in het café al even sterk als de drank, maar dat gaf niks want heel Dundalk was trots. Meer dan een uur hadden de jongens het op 0-0 kunnen houden en de uiteindelijke 4-0 nederlaag was absoluut geen schande. Als die 'lucky goal' van Rijkaard er niet was geweest hadden ze misschien wel in de brilstand kunnen eindigen en dan was het over veertien dagen helemaal feest geweest. Het hele elftal kijkt nu al uit naar morgenavond. Dan zijn de foto's klaar.

De secretaris had zijn instamatic bij zich en heeft het hele feestje vastgelegd op wel zes rolletjes, die hij bij drogisterij Biggleton persoonlijk heeft ingeleverd. Deze heeft ze ontwikkeld, afgedrukt en met een bloeddorstige blik op zijn gepermanente vrouw in de mapjes gedaan. Zij heeft hem met haar middenstandsmotieven thuis gehouden en nu ziet hij met eigen ogen wat hij gemist heeft. Iedereen staat een keer met zijne heiligheid Cruyff op de foto en ook hun eigen god Stapleton heft met iedereen wel een keer het glas. De hele reportage komt zondag in het clubhuis te hangen. Met een lijst ernaast voor de nabestellingen.

Er zijn ook nogal wat foto's bij die lang niet iedereen kan thuisbrengen. Een foto van de voorzitter met zijn collega Harmsen en een foto van de beide besturen voor de Amsterdamse bekerkast en nog meer foto's van diezelfde voorzitter met allerlei types in hun zondagse pak.

'Wie zijn dat in godsnaam allemaal,' roepen de jongens.

De voorzitter weet het en neemt het woord.

'Kijk hier sta ik te praten met de twee fysiotherapeuten. En deze is genomen in de rust. Rechts van mij staat professor Marti, de orthopedisch chirurg en links van mij staat de algemene snijer Keeman.' Er wordt hartelijk gelachen om de ruime fantasie van de voorzitter die duidelijk zijn roeping als komiek gemist heeft.

'Hebben ze dan geen gewone clubarts?' vraagt de vrouw van de reservekeeper, die zelf ook niet de slimste is.

'Natuurlijk wel,' antwoordt de praeses, 'hier sta ik met dokter Stibbe en naast hem staat dokter Vos, de voedingsdeskundige. Die bepaalt het wolkje melk in de koffie van de spelers en dat doet hij in overleg met de psycholoog. Dit staat op deze foto. Samen met de zangleraar Del Ferro.'

'De wat?' roept het hele elftal gierend van het lachen.

'De zangleraar,' zegt de voorzitter, die nu ook zijn lachen niet kan houden. 'Twee keer per week staat het hele elftal zangoefeningen te doen. Dat is goed bij kopballen. Als je loskomt van de grond moet je lucht aan boord hebben en die stoot je uit als je met je harses tegen de bal slaat. Dat lijkt heel simpel, maar zo is het niet. Nee, jullie hebben verloren van een hele professionele club en volgende maand openen ze in een vleugel van het stadion een medische kliniek. En daar komt ook nog een agoog die de

woorden van de trainer omzet in begrijpelijk Nederlands en een timmerman om de reservebank per week een meter te verbreden.'
De jongens komen niet meer bij van het lachen en twee uur later verlaten zij in polonaise het huis van de voorzitter en luidtoeterend rijden ze de straat uit in hun rammelende tweedehands auto's.
De voorzitter kijkt ze vaderlijk na en denkt:
Ik zal maar niet vertellen dat het allemaal echt waar is. Dan ben ik mijn reputatie als komiek kwijt!

TINA TURNER

Gisteravond kwam ik laat thuis van de voorstel-
ling en deed mijn vaste ronde door het diepsla-
pende huis. Ik kuste mijn vrouw wakker om te
vertellen dat ik er was, schonk mij zelf iets in en
zette mij aan de Haagse Post om te zien wat ik
had kunnen meemaken als ik nu Pomo zou zijn.
Wat had ik weer een hoop gemist. Ik las over
een eigentijds stuk theater dat grenst aan de ver-
beelding van de videoclip en opeens hoorde ik
een jammerlijk gehuil.
Ik dacht dat het aan mij lag (ik heb het stuk gezien), maar het gejammer hield aan. Naast mij
woont een hoekman van de effectenbeurs en
even dacht ik dat hij bezig was met een vrolijke
zelfmoord omdat het hem niet te veel, maar te
weinig was geworden. Ik kreeg al gauw door dat
de tranen in ons huis vloeiden en ik hoorde heel
duidelijk het hartverscheurende 'papa'. Onze

dochter smeekte dit eeuwenoude woord vanuit haar warme bed. Zij is dertien en dan wil er nog wel eens een merrie door je dromen jagen. In een Lewissprintje was ik boven. Ik trof een ontredderde puber met grote bange ogen in haar veilige meisjeskamer vol Prince en Michael Jackson aan de muur.

'Ik heb zo eng gedroomd,' piepte ze zacht.

'Waarover lieverd?' fluisterde ik.

'Jij deed zo eng.'

'Hoezo?'

'We waren samen in de gymzaal van onze school en jij had een zweep en ik moest koppeltje duiken en in de ringen hangen en aan de rekstok en op de evenwichtsbalk en op de brug en als ik het niet goed deed dan sloeg jij met die zweep en je schreeuwde heel hard tegen mij. En ik moest het steeds over doen en jij bleef maar schreeuwen. En mama was er ook bij. En mama schreeuwde ook.'

'Wat schreeuwde mama dan?'

'Mama riep dat het de schuld van Rogier was. Dat dat mij alleen maar afleidde en dat ik mijn rug recht moest houden omdat het anders nooit iets zou worden en jij sloeg maar en sloeg maar en ik wou niet meer, maar ik...'

'Wie is Rogier?' vroeg ik onschuldig. Ik weet dat zijn naam al weken al haar huiswerk in zeven kleuren viltstift uit haar agenda heeft verdrongen.

'Maar ik heb jou toch nog nooit geslagen?'

'Toch sloeg je me steeds. En op een gegeven moment gingen we in de auto en toen kwamen we in Rotterdam en toen moest ik in een heel groot stadion al die dingen weer doen en er waren een heleboel mensen en jij schreeuwde weer en mama ook.' Dikke droppels drupten over haar wangen.

'En toen viel je van de balk?' vroeg ik voorzichtig.

'Nee. Bijna. Maar toen schreeuwde je weer en toen bleef ik er op en ik... ik ging toen heel raar op mijn handen op die balk en toen... toen was het klaar en mama en jij stonden heel erg te juichen en alle andere mensen ook.'

'En toen kreeg je een medaille?'

'Ja!!'

'Nou, dan is het toch allemaal goed afgelopen. Dan hoef je toch niet meer te huilen. Je was dus de beste van allemaal.

Dan gaat de grote kampioen nu lekker slapen en niet meer dromen. Dromen zijn bedrog. Wipneus. Zo gaat het in het echt niet.'

'Echt niet?'

'Echt niet lieverd. Die kinderen op de televisie vinden het allemaal hartstikke leuk om mee te

doen. Die slapen in echte hotelkamers en kunnen heel veel ansichtkaarten schrijven naar hun vriendinnetjes en hoeven bijna nooit naar school. Nu lekker slapen en niet meer dromen.'
'Ook niet van Rogier?'
'Dat moet zelfs en als je dat nu niet heel vlug doet dan kom ik met een hele grote zweep.'

KANSARM

Eddy en Evert van de Hilversumse Ziekenom-
roep mochten het verslag van Nederland-
Cyprus verzorgen. Eddy regelde vanuit de cabi-
ne het 'nieuws voor blinden en slechtzienden' en
Evert liep als huppelmicro langs de lijn. Hij zou
bij een overwinning aan Gullit vragen: 'Blij?' en
bij een ander resultaat: 'Teleurgesteld?'
Het werd een gewone voetbalavond. Aan het begin was het stadion in een dusdanige oranje ne-
vel gehuld dat ik dacht dat elk moment de geest
van koningin Wilhelmina boven de tribunes zou
verrijzen. Verder spoot een vuurwerkfontein een
gloeiende vonkenzee over de deinende massa en
ik dacht aan de verjaardag van een reclamebu-
ro.
De eerste twintig seconden waren leuk. De verdediger stapte zo oliekoekendom over de bal
heen dat ik onmiddellijk al aan vier ton 'glijmid-

del' dacht. Alles liep nog precies volgens het script. Een kansarme jongen met een moeilijke jeugd had een paar dagen hard gewerkt aan zijn megarotje en zijn noeste arbeid werd beloond. Een mooie knal, een rookwolk die nu nog boven Nantes hangt en de door de politie beloofde 'hete herfst' was een feit. In één klap was het Nederlands elftal even kansarm als die jongen.

'Voetbal is oorlog,' citeerde de Generaal zichzelf en keek uit over zijn leeglopende slagveld.

Tot zover was mij als liefhebber niets bijzonders opgevallen en ik vond de wedstrijd niet anders dan andere potjes.

Toen begon Eddy te praten over één man die met één bom een eind maakt aan het prachtige Oranjefeestje. Hoe kon dit nou toch gebeuren? Wat een drama! Wat vreselijk! Hoe triest! Dit begreep ik niet helemaal.

Wekelijks volg ik Studio Sport en ik zie niets anders dan bommen, granaten, vuurwerk, verwrongen hekken, raamloze bussen, werpsterren, ongemeubileerde treinstellen en spandoeken met de ss van Oss of de groeten van Hitler.

Ik ben maar een simpele televisiekijker en prijs mij telkens weer gelukkig dat ik alles vanuit mijn luie stoel mag bekijken en ik ben Eddy en Evert iedere zondag weer meer dan dankbaar dat zij voor mij naar het stadion gaan. Zij komen 's avonds thuis met de kruitdamp in hun haren (grapje Eddy) en worden door hun familie verwelkomd alsof ze net van een Belgische mijnenveger komen. En terecht. Maar als je al zo lang oorlogscorrespondent bent en je zit wekelijks in het heetst van de strijd dan schrik je toch niet meer van een rotje? Dan ben je toch niet meer oprecht verbaasd? Dan doe je bij een doordeweeks partijtje toch niet of er iets bijzonders aan de hand is? Die vorige bommen tellen toch ook mee? Of heb ik al die jaren naar buitenlands voetbal zitten kijken? Eddy had op de journalistenmavo vast geen geschiedenis in zijn lunchpakket. En Evert had beter die keeper even kunnen ondervragen, maar hoe zeg je in het Grieks:

'Kan ik u even onder drie ogen spreken?'

TE GOED

De Nederlandse Sport Federatie en het Nederlands Olympisch Comité gaan samenwerken onder de naam Comité Topsport. Ze gaan richting
geven aan het topsportbeleid van beide organi-
saties en het coördineren en het bevorderen van
topsportactiviteiten en topsportklimaat in Nederland.

Dat is toch een behoorlijke mond vol. Voor zo'n
tekst heb je toch wel een paar uur moeten verga-
deren in een treurig zaaltje van motel Vianen. Dit
soort regels krijg je toch niet zomaar op papier.
Heerlijk. Weer een nieuwe organisatie erbij. Een
zootje blauwe blazers die een paar keer per week
bij elkaar komen, van gedachten wisselen en
zichzelf effeciënt opdelen in een aantal nieuwe,
vaste en ad hoc commissies. Goed zo jongens.
De beuk erin. Diplomatenkoffertje met cijfer-

slot, kilometervergoeding en vergeet je eetbonnetjes niet te declareren.

Ga met zijn allen om een lange tafel zitten, spreek af dat je elkaar tutoyeert en dan stel je gedragsregels op voor de komende jaren. Zodanig dat je elke avond wel iets te doen hebt. Misschien is het een idee om het Comité Topsport te laten ondersteunen door een werkgroep. En binnen die werkgroep komen jullie vast en zeker ook nog wel tot een paar discussiegroepen waar je een keer per week mee bij elkaar komt. Vergeet overigens de werklunch niet. En de rapporten. Vergeet alsjeblieft de rapporten niet. Flikker je gedachten in een tekstverwerker, haal de hele handel door een kopieermachien en verspreid je typwerk onder alle leden. Die hebben daar vast wel een la voor.

Prachtig. Geen avond thuis en dat scheelt een hoop burgerlijk gedoe met lauw bier en melige MAKRO-zoutjes. En voor thuis is het ook leuk.

Dan kan je vrouw zeggen: 'Mijn Henk is zo druk.'

Dan vraagt de buurvrouw: 'Waarmee dan?'

En dan antwoordt zij: 'Met de Nederlandse Topsport.'

Je hebt vrouwen die dat zonder lachen kunnen uitbrengen. Ze hebben er lang op geoefend, maar dan kunnen ze het ook! Maar vergeet alsjeblieft het belangrijkste niet.

Jullie tickets voor Seoul. Ik zou me zo voor kunnen stellen dat dat er helemaal bij inschiet. Elke avond druk, elke avond babbel de babbel en op een gegeven moment kijk je elkaar aan en blijkt het dat je vergeten bent om via wie of wat dan ook je ticket te regelen. Dat je daar niet eerder aan gedacht hebt? Stom. Stom. Stom. Dat komt door dat idealisme. Overal aan gedacht, de weg geplaveid voor veertig gouden plakken en nou ben je er zelf niet bij...

Dat zou toch verschrikkelijk zijn. Ik kan me zo goed voorstellen dat jullie dat glad vergeten. En denk ook nog even aan het volgende. De Nederlandse hockeyploeg gaat nog in een paar tropische landen oefenwedstrijdjes spelen. Laat één of twee van jullie meegaan en breng na afloop een rapport uit. En de Nederlandse schaatsploeg gaat nog een keer oefenen op Tenerife. Daar moet iemand bij zijn. Al is het maar om de dikte van het ijs te meten. Stel je niet te bescheiden op. Maak je zelf onvervangbaar. En er moet ook iemand met Druppers mee naar de Hamstrings (eilandengroep in de Stille Zuidzee) om zijn zonnebril te dragen...

Onderschat je zelf niet. Jullie zijn echt onmisbaar.

En mag ik jullie namens het hele Nederlandse

volk bij voorbaat vast bedanken voor jullie to-
meloze inzet, jullie belangeloze medewerking en
jullie vurig enthousiasme. Echt geweldig.

SINTERKLAAS

Johan Cruyff doet de deur van de kleedkamer open en roept: 'Is er nog iemand?'
De treurige trainer kijkt door zijn keukenraam over de Vinkeveense polder na het lezen van deze enigszins flauwe grap en ziet in de verte hoe de hoge bomen zwiepen in de wind.
Vanochtend zijn er weer vier spelers niet op de training verschenen. Twee hadden Sint Nicolaas op school (het gerucht gaat dat ze nog geloven) en de andere twee zaten te zweten boven hun schoolonderzoek.
Hij pakt een servetje van de stapel en tekent nog één keer de opstelling van a.s. zondag. Menzo op het middenveld? Dat is geen verrassende variant. De 0-0 tegen Haarlem bonkt nog in zijn kop. De pen weigert. Hij drukt zo hard dat het servetje scheurt. Zuchtend staat hij op. Waar vind hij zo gauw een andere pen? In de woonka-

mer. Maar waar? De hele familie slaapt al en om ze nou voor een ballpoint wakker te maken. Er is in dit huis toch wel een gewoon potlood. De honden kijken hem aan. Zij weten wat hij voelt. Ze liggen elke zondagavond voor de televisie. Hij pakt een sigaret. Zijn aansteker weigert. Hij rommelt wat tussen onbelangrijke papieren op het burootje van Danny en opeens staat hij met een HEMA-blocnote in zijn handen. Het eerste velletje vermeldt een pak suiker, Maggi-blokjes, een banketstaaf en andere boodschappen. Hij slaat het om. Eigenlijk mag hij dit niet lezen. De Sinterklaasgedichten voor morgenavond. Hij leest:

vader werkt in de meer
ondervindt daar heel veel hinder
want hij merkt keer op keer
in de meer wordt het steeds minder

Van je familie moet je het hebben. Als dit humor is? En dat mag hij morgenavond hardop voorlezen en dan moet hij ook nog zeggen dat het gezellig is. Hij slaat door naar het volgende vel en leest:

papa waar moet je beginnen?
Frank speelt buiten, Cor loopt binnen

Nee, dat wordt leuk morgenavond. Hij leest verder:

vader kom er even los van
je ziet door de bomen amper bos man

Nog een woordspeling ook. Heerlijk zo'n fami-
liefeest.

papa is wat afgegeleden.
scoort alleen nog met het tweede

Nu wordt het hem te veel. Op deze avond gaat
hij niet wachten. Hij pakt zijn autosleutels en
verlaat het huis. Nog liever in een verlaten sky-
box 'Oom Jan leert zijn neefje schaken' lezen
dan een hele avond deze flauwe ongein over je
heen krijgen. Hij sist tegen de honden dat het
baasje alleen uit gaat en trekt de deur zacht achter zich dicht.
Hij kijkt verdrietig om naar zijn huis vol sla-
pend onbegrip en start zijn auto. Ook deze weigert. Terwijl het niet eens vriest. Daar zit de
kampioen in het flauwe schijnsel van de dash-
boardlampen. Wie had hem dit kreng ooit aan-
geraden? Een Stapleton 2000. Hij barst in snikken uit en denkt aan de woorden van die taxi-
chauffeur die hem ooit zei: 'Niet kopen meneer
Cruyff. Hij roest al in de folder.'

KEES SCHENK(T) BOLS

En nou word ik nostalgisch. En goed nostalgisch ook. Mijn broers lagen plat op hun buik
(die ze toen nog niet hadden), mijn vader zat in
zijn stoel en mijn moeder rende met koffie, soep,
broodjes en kilo's drop. Ik heb het nu over de
jaren zestig. En dan praat ik niet als de huidige
sub-yup die aan zijn kinderen vertelt hoe hij met
de hele Maagdenhuisploeg in Vietnam liep te
knokken tegen burgemeester Van Hall. Neen, ik
heb het over het schaatsen. Het legendarische
spandoek 'Kees Schenk(t) Bols.' De tranen in de
ogen bij de ereronde van Art. Keessie reed hem
tegemoet, pakte zijn pols en stak zijn arm omhoog. Een beetje moeilijk gedoe. Keessie was
namelijk te klein om de arm van Art omhoog te
houden. Toch lukte het. Het Wilhelmus was
mooi, het stadion scandeerde het Noorse
'Heya', Klaas Schenk werd als trotse vader in

beeld gebracht. Theo Koomen liet de radio gloeien en Bob Spaak gaf kleur aan onze zwart-wit t.v.

Mijn broers en mijn vader rekenden als dwazen het puntentotaal na drie afstanden en het lekkerste was het als onze familie eerder klaar was dan de NTS. Nog leuker was het als de reporter na een minuut of tien moest toegeven dat er een foutje was gemaakt. Dat wisten wij al. Dat wisten wij al tien minuten. De wereldkampioenschappen waren het leukste. Die noemde men toen nog niet WK, maar gewoon 'Wereldkampioenschappen.' Snelle Jappen op de vijfhonderd meter, een vage Canadees en een eenzame Amerikaan. Wij waren op dat moment nog de melkboer aan het helpen. Op de 5000 meter ging het gebeuren. Daar kwamen de echte jongens. Fred Anton Maier, Per Wily Guttormsen en na de 5000 meter begon Swiebertje met Rien van Nunen als burgemeester. De tijden werden neergezet, een favoriet viel dramatisch in de laatste bocht en onder Stiefbeen (met Rien van Nunen als vader) zaten we nog te kletsen over de kansen van Art, Kees en Jan. Er werd slecht geslapen en zondags kon de beslissing al vallen op de 1500. Na die afstand gingen we allemaal een luchtje scheppen. De strijd was gestreden. Alleen als Art of Keessie het onmogelijke deed op de 10.000 dan...

En dat onmogelijke werd mogelijk.

Tot zover heb ik mijn stukje nu geschreven en als ik het lees denk ik aan mijn neefjes Kwik, Kwek en Kwak die denken: Youp wordt een ouwe lul. Ze hebben gelijk. Ik had er ook altijd een kolerehekel aan als mijn vader zat te zeveren over Han Hollander, Bep Bakhuis of Jan de Natris. Tuurlijk praat ik nu over de tijd dat het huidige maandsalaris van Cruyff nog het vermogen van Ajax was, maar het was wel leuk. En spannend. Nu doet iedere schaatser één afstand. Het Nederlands Kampioenschap (voor sponsors NK) duurt tegenwoordig een dag of zes en de echte favorieten worden gespaard. De een heeft buikloop, de ander prestatiemoeheid. Mart Smeets stelt vragen, waar zelfs mijn schoonmoeder het antwoord niet op weet. Kortom: er is niks meer aan. In geen Amsterdamse tram wordt er nagepraat over de prestaties van de jongens. Vergeer heet nog steeds Vergeer en geen Hein. Als je aan iemand vraagt: 'Hoe vond je Gerard?' fronst men de wenkbrauwen tot vraagtekens. 'Kemkers,' roep je er iets te hard achteraan. Hoe heet Visser van voren? Ria? De computer is sneller dan de pen van mijn vader en maakt geen fouten. Ik durf te wedden dat niemand 's nachts opblijft voor de ritten van de huidige Art en

Keessie. Daarbij zal Mart Smeets tegen die tijd Calgary ook wel plaatselijk uitspreken en wordt het Kalsjarie of Kaltsjeree. Het komt nooit meer goed. Kees Verkerk is getrouwd met een Noorse, Joop Zoetemelk met een Française en ik doe het met een meisje uit mijn jeugd... Heimwee rest en verder niets.

ART

De schaatser heeft zijn schaatsen aan de wilgen gehangen. Jaren heeft hij het volk kippevel op het netvlies bezorgd, de veters uit zijn schoenen gereden en de stembanden van de razende reporters op de proef gesteld. Heel Nederland begint nog een beetje te trillen bij het horen van zijn naam.
Iedereen kijkt nog om als hij in de Kalverstraat onschuldig loopt te winkelen. Niemand twijfelt bij het zien van deze blonde god. Ik heb het over Ard Schenk. Een fenomeen. Een Nederlander die nog bekend werd door zijn sport. Geen gehannes in debiele panels, geen geleuter in sullige praatprogramma's of wat dan ook. Nee, gewoon schaatsen. Samen met Jan Bols en Kees Verkerk. Dat waren nog eens tijden. Sterker nog: dat waren wereldtijden. De oplettende lezer denkt nu: Had hij het daar in zijn vorige stukje

ook niet over? Schrijft hij met het kopieerapparaat in plaats van met de vulpen? Neen. Maar er dient iets te worden rechtgezet. In mijn stukje van vorige week stond de naam Ard consequent met een T. Er stond dus Art. Een waar kunststukje. Was dit een woordspeling van de olijke cabaretier en durfde niemand te reageren uit angst voor onbenul te worden uitgemaakt? Neen. Niets van dat al. De naam Ard Schenk is heilig en daar spot je niet mee. Wat is er dan gebeurd? Ik leg het uit. Dit stukje schrijf ik meestal op het laatste moment en bel het dan door naar de redactie. Punten, komma's, uitroeptekens, hoofdletters en cursief te schrijven woorden geef ik aan. Namen worden uiteraard gespeld. Maar niet alle namen. Er zijn namen en die weiger ik te spellen. Johan Cruyff, Simon Carmiggelt, Joop den Uyl, Kees Verkerk, Jan Mulder, Kees van Kooten, Wim de Bie, Freek de Jonge en zo zou ik nog wel even door kunnen gaan. Die namen hoef je niet te spellen. Ard Schenk hoort in dit rijtje zeker thuis. Die naam dweil je in een dronken bui nog foutloos op het beslagen ijs van een onverlicht Bislet. Die naam hoort bij je jeugd, maar dat heb ik vorige week al verteld. Toch is het gebeurd. Dat de stenomeneer het zonder twijfelen met een 'T' schrijft vind ik al erg, maar dat het tussen de wimpers van de slaperige sportredacteur van een kwaliteitskrant (?) doorglipt is een schande. De naam stond er niet één keer in, maar wel een keer of wat. Steeds las hij er overheen. Ard met een t. Het is als striptease in een gereformeerde kerk, een haringlucht in een slagerij of als Koos Postema bij Veronica. Voor Ard Schenk is het het ergste. Jaren heeft hij zich de blaren getraind, een hele generatie schaatsers probeerde minimaal zijn stijl te imiteren op de plaatselijke dorpsvijver en ongeveer een miljoen vrouwen droomt nog nachtelijks over hem. Maar nu heeft hij gezien hoe vergankelijk die roem is. Er komt een dag en dan gebeurt het verschrikkelijkste. Dan schrijven ze je naam fout...

GELD

Twee keer in de drie weken schrijf ik een stukje op de sportpagina van de vrijdagse NRC en als alles klopt bent u dit stukje nu aan het lezen. Tegen een zeer ordinaire vergoeding doe ik net of ik verstand van sport heb en de sportredactie is of gek of blind of heeft er ook de ballen verstand van, maar al meer dan een jaar houd ik mijn schnabbel staande. Toch is het de laatste maanden elke week weer spannend of ik de column wel of niet zal schrijven voor deze zogenaamde kwaliteitskrant. Wat wil namelijk het geval? Ik heb een nieuwe manager. Ger Lagendijk. Niet de eerste de beste. Een goede vriend van Ronald Koeman en Johnny Bosman en een gewaardeerd collega van de heren Coster en Van Konijnenburg. Dus dat zit wel goed.
Ger kijkt gelukkig een beetje moderner tegen de zaken aan. Tot nu toe hield ik me keurig aan het

ooit door mijn schoonmoeder getekende contract en leverde ik elke week trouw mijn stukje af, maar sinds ik Ger heb ligt dat anders. Het is elke dag weer spannend waar ik moet optreden, voor wie ik mijn stukje moet schrijven of bij welke omroep ik me mag melden om even een gebakken ei na te doen.

Gisteravond moest ik eigenlijk in Bergen op Zoom optreden, maar bij Etten Leur ging de autotelefoon en kreeg de chauffeur de opdracht om af te reizen naar Drachten waar op dat moment meer te vertellen viel. Veel meer zelfs. 's Morgens was ik onderweg naar AVRO's Sterrenslag, maar ik ontving bij Vreeland een fax dat ik met spoed naar Aalsmeer moest komen om in de play-backshow het kamerlid Duyn na te doen. Voor drank werd gezorgd en alleen het vervoer naar huis moest ik zelf regelen.

Het is trouwens nog niet helemaal zeker dat dit stukje inderdaad in de NRC verschijnt, daar ik ook gevraagd ben door Elsevier, Nieuwe Revu, Tussen de Rails, Humo en De Strijdkreet.

Zaken zijn zaken en ik moet eerlijk bekennen dat het mij beter gaat dan ooit. Al mijn sponsors zijn nu tegen elkaar uitgespeeld zodat ik het maximale binnensleep en er is iets nog leukers aan de hand. Ondertussen speel ik Ger Lagendijk uit tegen Van den Wall Bake en Cor

42

Coster (wiens belangen behartigd worden door Peter Post) en die procederen nu tegen elkaar en tegen Ger. Dus volgende week kan ik een miljoen op mijn rekening bijboeken. Of er door al dit gedoe nog wel wat komt van de kwaliteit? Daar gaat het toch niet om.

Ik ben zakelijk en dat is heel wat anders.

KRAAY 1

Het ongelofelijke is dan toch gebeurd. Natuurlijk zat iedereen er op te wachten. Het kon niet
uitblijven. Je kan Rotterdammers lang dollen,
vernederen en voor schut zetten, maar op een
gegeven moment hebben ze er de buik van vol en
pikken ze het niet langer. Dan slaan ze terug.
Met geld en spelers. Het kan niet dat je na een
mislukt seizoen thuis met 3-1 verliest van een
Cruyffloos Ajax. Dan moet er ingegrepen worden. Dan moet er een 'man' worden aangesteld,
een kerel, een vent, een dictator, een tiran. Geen
hyperventilator, maar een trainer met de hoofd-
letter T.
Er is gepraat. Veel, lang en hevig. Het is emotio-
neel toegegaan in de bestuurskamer. Er is ge-
schreeuwd, gehuild, met portefeuilles gedreigd,
maar uiteindelijk ging de kogel door De Kuip en
viel de meedogenloze beslissing: Geen Cruyff,

maar Kraay. Kraay junior? Neen, die is tot zijn pensioen geschorst. Papa Kraay. De zeer, zeer Grote Kraay. Senior dus.

Vrienden van mij riepen meteen dat het geen verstandige beslissing was van Feyenoord en dat Kraay te weinig corrupt en te principieel was voor een topclub. Zij hadden het over een topclub. Ik had het woord 'topclub' niet in mijn mond genomen.

Toch zie je hoe het kan gaan. Je kan je zo verschrikkelijk vergissen. Kraay toont zich binnen de kortst mogelijke tijd een doortastend manager, een trainer van wereldformaat, een denker op de korte golf, een... (Nu schieten woorden mij tekort!)

Hij is nog geen week op zijn post of hij struint met zevenmijlslaarzen over de Nederlandse spelersmarkt. In één klap koopt hij Van Geel, Nortan en Krommendijk. Ik herhaal: Van Geel, Nortan en Krommendijk. U begrijpt wat voor paniek dit heeft gegeven bij de andere topclubs. Gisteravond om acht uur heb ik geprobeerd een aantal clubs (FC Den Bosch, VVV, DS 79 en MVV) te bereiken, maar de besturen mochten niet gestoord worden en zaten als hondsdolle pittbulls te spoedvergaderen om in een laatste poging hun spelersbestand op het niveau van Kraay te brengen. De voetbalwereld siddert,

vreest en krijgt spontaan eczeem op alle euro-
cheques. Waar komt het Rotterdamse geld vandaan? Welke schieter zit hier achter? Je moet
toch wel de halve haven bezitten om èn Van
Geel èn Nortan èn Krommendijk aan te kopen.
Alleen Van Geel kan iedereen volgen. Dan moet
je nog flink in je reserves tasten, maar dat
kan...

Ik ben uitgenodigd om overmorgen de wedstrijd
tussen Napoli en AC Milan bij te wonen en
Ruud zei tegen mij: 'Kom voor de wedstrijd ge-
rust even in het spelershome.' Ik vertelde dat
mij dat zinloos leek, daar ik toch niemand ver-
stond. 'Je verstaat alles,' zei Ruud. 'Het gaat
maar om drie namen: Van Geel, Nortan en
Krommendijk. Heel Italië is er gek en bang van.
Iedereen praat over 'volgend jaar', het inzicht
van Kraay, de wekelijks zinderende Kuip en de
gisteren begonnen run op de seizoenkaarten.'

Ik heb Ruud toegezegd dat ik kom, maar ik heb
één ding verzwegen en dat moet u begrijpen. Ik
vertel hem pas na de wedstrijd dat Co Adriaanse
de nieuwe trainer van FC Den Haag wordt. Anders wordt Italië echt gek van angst.

GEEN HOER

De voetballer Peter Bosz gaat naar Toulon. Hij komt van RKC en ontkent dat hij meer dan drie ton netto gaat verdienen. Met andere woorden: Hij verdient twee-en-halve ton netto. Dat is een fantastisch bedrag. De hele dag de Franse zon op je hoofd en een sloot geld toe.

Peter gaat voor vijfentwintigduizend gulden naar Toulon.

Dit is in de wereld van voetballerij een absurd bedrag. Een fooi. Is die Peter dan niets waard? Is dit de miskoop van de eeuw? Natuurlijk niet. Peter Bosz heeft gewoon een kilo hersens meer dan de hele eredivisie bij elkaar. Hij kan voetballen en heeft daar zijn werk van gemaakt. Op één punt verschilt hij van zijn collega's. Hij is geen hoer. Hij is niet te koop. Hij is na afloop van ieder contract vrij om te gaan en te staan waar hij wil. Hij lijkt wel een mens. Bosz wil vrij zijn en om die reden verliet hij ooit zijn eerste betaalde club Vitesse.

Ik probeer mij nu voor te stellen hoe die onderhandelingen toen zijn gegaan. De voorzitter, een man met iets te veel welvaart in zijn jasje, stropdas en bestuurskamer, zegt tegen Peter: 'Vrijheid is een groot woord jongen. Dat wilde ik ook op jouw leeftijd, maar zo zit het leven nou eenmaal niet in elkaar.'

Peter knikt.

De voorzitter: 'Ik ben natuurlijk niet alleen maar voorzitter, maar ook een beetje de vader van alle jongens en daarom denk ik niet alleen aan de toekomst van Vitesse, maar juist ook aan jouw toekomst. En jouw toekomst ligt hier in Arnhem bij Vitesse en later als je wat ouder bent zul je mij er dankbaar voor zijn.'

Peter knikt en speelt met de zwaar verzilverde sigarettendoos met nachtwachtmotief.

De voorzitter: 'Wij investeren nu in jouw gouden voetbaltoekomst, maken een boel kosten en niets is ons te veel om jou het hier in Arnhem naar de zin te maken. Alle supporters – en ik spreek ze elke week allemaal – zijn heel enthousiast over jou...'

Peter denkt en denkt. Hij heeft geprobeerd om op een doordeweekse avond te stappen in dit treurige Arnhem en het is hem niet gelukt. Hij heeft gezocht naar een volle bioscoop en heeft hem niet gevonden. Hij heeft staan schreeuwen om een swingende disco, maar niemand kon hem vertellen waar die was. Hij heeft de terrasjes afgestruind om een alles verzengende deerne met kuiltjes in haar wangen te verleiden, maar lag voor Sesamstraat alleen in bed. Ze hadden allemaal een ATV-dag! Arnhem heeft trolleybussen en verder niets. Je bent een jongen van amper twintig en voor je het weet heb je je leven verpatst aan de Arnhemse geel-zwarten. Voetbal is werk en als je uitgewerkt bent dan ga je weg. En al dat gelul met transferbedragen is onzin. Daarmee vul je alleen maar de kas van de club.

Terug naar de contractbespreking.

De voorzitter: 'Arnhem heeft natuurlijk meer voordelen. Het ligt vlakbij Duitsland, heeft een ontstellend gezellig uitgaanscentrum, een leuke winkelstraat...'

De voorzitter praat maar door en door en Peter is overal behalve in Arnhem. Hij eet onderhand foie gras in een Frans restaurant, bedrijft de liefde aan de Middellandse Zee, gaat met zijn sportwagen de heerlijke Bernadette ophalen of drinkt een glas met een geborstelwenkbrauwde Franse vriend die met zijn geld gokt op de verkeerde paarden.

Peter weet wat hem te doen staat. Nooit een

prijs op zijn hoofd. Nooit het slachtoffer van de transferwet. Nooit in handen van de Dé Stopen, de Ton Harmsens of de Renzes de Vries. Nooit.

En nu vier jaar later heeft hij gelijk gekregen. Via Waalwijk naar Toulon voor de prijs van een vergroot Staatslot. En natuurlijk is ook Toulon een tussenstation. Op naar Monaco, Madrid of Napels. Als hij oud, stroef en eenzaam is en hij zit op de rand van zijn sterfbed zijn zonden te overdenken gruwelt hij waarschijnlijk nog bij het beeld van die spits van NAC die verliefd werd en in Breda moest blijven, de keeper van PEC die rijk kon worden maar zich aan Zwolle had geketend en aan die vrije verdediger die van die vreselijke Limburgse trut af wilde, maar nog steeds in Venlo woont. Hij denkt na over zijn leven, neemt een forse duik in zijn geld en lacht zich dood. Een mooier einde is er niet. En de voorzitter van Vitesse denkt nu: Toulon? En hij had het hier zo goed kunnen hebben.

CUPKOORTS

Geen cupkoorts bij ons thuis. Geen streepje verhoging. Woensdagavond werk ik gewoon en in de pauze zal ik niet amechtig naar huis bellen voor een tussenstandje. Waarom niet? Ik weet het niet. Of eigenlijk weet ik het wel.

PSV is gekocht en dan nog wel met geld dat niet bij elkaar is gevoetbald, maar met de handel in alles waar een stekker aan zit. Eusebio spreekt met ontzag over zijn Benfica, Gullit gloeit als hij alleen al aan de kouden van zijn club denkt en welke vedette of ex-vedette uit Eindhoven zal nu in alle Portugese bladen staan?

PSV kan er niks aan doen. De club draait goed. Iedereen heeft een seizoenkaart, de tribune is verwarmd, het gras is goed geschoren, de lijnen mooi gekrijt, de netten worden wekelijks gewassen, de voorzitter vloekt nooit, de manager likt na iedere wedstrijd de hielen van zijn spelers en verder niets. Het hele elftal is keurig. Elf jongens, goed voor hun moeder, zeggen de cavia welterusten, kunnen een balletje hoog houden en zijn altijd op tijd in de garage voor hun tienduizend kilometerbeurt. Wat is er dan niet goed? De club swingt niet. Er zit geen jongen met verleden tussen, een man met anekdotes. Gullit kon het, maar die is nu burgemeester van Milaan en wordt vertroeteld met posters, vlaggen, foto's en krantenkoppen. Hij droomt nog wel eens van een of andere collega uit die tijd, maar de naam ontschiet hem steeds.

Waar zijn de namen? En hiermee bedoel ik namen die je over twintig jaar nog blind oplepelt aan het eind van een rijk besproeid kerstdiner. Di Stefano, Puskas, Gento, Santamaria, Amancio en Zoco van het heilige Real en Eusebio, Augusto, Cavem, Cruz, Torres, Simoès, Coluna en doelman Costa Pereira van het heerlijke Benfica. Rivera, Altafini, Amarildo en Fortunato van AC en Suarex, Mazzola, Corso, Jair, Fachetti, Pichi en Guarneri. Na het lezen van dit rijtje zit een aantal lezers te snikken. Heimwee. Dit gebeurt thuis (veilig) of spontaan in de tram. Degene tegenover u kijkt u vreemd aan. Men begint spontaan te huilen bij het lezen van een stukje op een sportpagina. Omdat Ajax met 4-0 heeft verloren van Palermo? Omdat voorzitter

De Waard vertrekt bij Telstar? Nee, het komt door die namen. Die heerlijke namen. Liefst uitgesproken door Koen Verhoef. Als hij begon met het verslag van de Europacupfinale dan liepen bij mij de rillingen over mijn rug. 'Zeventigduizend toeschouwers, acht camera-mensen, 1123 journalisten uit 721 landen, 18 miljoen televisiekijkers zijn vanavond live getuige van...' en hij eindigde altijd met: 'Resumerend kunnen wij stellen dat we een wedstrijd zagen waarin...'. Bij het woordje 'resumerend' wist je dat de reportage afgesloten zou worden en dat mijn moeder 'naar bed' zou roepen.

De hele nacht droomde je nog een keer die finale, je deed nu zelf mee, gaf twee keer een loepzuivere voorzet en maakte uiteindelijk dat fantastische, beslissende doelpunt.

Als iemand mij nu zou vragen: 'In welke opstelling denk je dat PSV woensdag speelt?' dan zou ik hem aankijken en zeggen: 'Van Breukelen... eh... eh... Gerets... Kieft, Koeman, Viscaal, Lerby uiteraard en...'. Ik ben inmiddels een kilo lichter van schaamte. Als voetballiefhebber de opstelling niet kennen van de Nederlandse Europacupfinalist is natuurlijk een schande, maar ik weet zeker dat het niet alleen aan mij ligt.

HET AJAXGEVOEL

Mijn moeder kan prachtig over vroeger vertellen (Welke moeder niet?), maar mijn moeder heeft een aantal favoriete anekdotes over mijn broer Tom en mij.

Wij waren voor Ajax. Mijn vader had ons als Amsterdammer terecht zo opgevoed, overvoed zelfs. Ajax was alles, Cruyff was nog meer en Piet Keizer was het meeste. Ajax, Ajax en nog eens Ajax. Wij wisten niet beter. In die tijd was er ook niet beter.

De eerste echte wedstrijd die wij zagen was tegen GVAV.

Tom was vijf en ik dus negen. Fons de Groot, onze groenteman, nam ons mee. Otto Roffel stond nog onder de lat. Otto wie? Otto Roffel! In een hagelwitte trui. Stelt u het zich maar eens voor: twee jongens komen voor het eerst in het voetbalstadion. De geur, de kleur, de man die roept: 'programma's', geen tuig op de F-side, geen tuig in de sky-boxen, wel scheids Jef Dorpmans in zijn verkeerde broek. Hij heeft trouwens een dertig keer diepere indruk op mij gemaakt dan Leo Horn. Wij thuis vonden Leo een kwal van formaat die veel te gek op zichzelf was. Ik verdenk hem er nog steeds van dat hij elke avond voor het slapen gaan voor de spiegel staat, een lepeltje van zichzelf neemt en roept:'hhhmmm wat ben ik lekker.'

Ajax was dus alles voor ons. Als Ajax won trakteerde mijn vader op ijs en als Ajax verloor...

Ajax verloor niet in die tijd. Misschien wel in de competitie, maar niet in mijn herinnering. Daarom aten wij elke zondag ijs.

Het leukste verhaal uit die tijd komt van mijn moeder. Op een doordeweekse maandagochtend zat zij met ons aan de ontbijttafel. Zij keek of haar twee jongens zichzelf niets tekort deden en dit was het enige waar zij zich geen zorgen over hoefde te maken...

Mijn broer was de klokkijker van ons twee en hij bepaalde altijd feilloos na welke kop thee we weg moesten richting school. Als Ajax had gewonnen stonden wij half Bussum al om kwart over acht op te wachten bij het hek en als Ajax had verloren...

Ajax verloor nooit.

Toch hadden wij de avond ervoor ons ijsje gemist. Ajax had verloren van... aartsrivaal Feyenoord. Het moet per ongeluk geweest zijn.

Opeens zag mijn moeder dat het al tien over negen was.

'Zijn jullie gek geworden,' was haar reactie, 'jullie hadden tien minuten geleden al op school moeten zijn.' Wij zwegen. Grote dikke druppels gleden langs onze jonge Ajax-wangen. De nederlaag was zo verschrikkelijk geweest en wij wisten dat vanaf acht uur al een ploegje Feyenoorders op ons stond te wachten. Om ons weg te honen, uit te jouwen en nog erger. Onze grote monden zouden op het schoolplein worden gesnoerd met de keiharde cijfers.

Geen moeder stuurt haar kinderen naar het front dus mochten wij die dag thuisblijven en spraken over honkbal, waterpolo, rugby en andere sporten, maar niet over Ajax. Wij speelden met de Märklintrein, de Fallerbaan, het Lego en zwegen over voetbal.

Dinsdag kwamen wij weer gewoon op school en hadden iets verzonnen over 'iets verkeerds gegeten.'

'Heb jij daar nog steeds last van?' vroeg Tom mij gisteren.

'Waarvan?'

'Van het feit dat als Ajax verloren heeft dat je dan niet of nauwelijks kan werken!'
'Ik denk dat we een heel jaar vrij moeten nemen,' snikte ik en schreeuwde zo hard om mijn moeder dat de honden van Harmsen antwoordden door de polders. Hard hevig en verdrietig. Intens verdrietig.

OME THIJS

Met ome Thijs gaat het niet lukken. Ik heb weinig verstand van voetbal, maar sommige zaken
voel ik op mijn Hollandse klompen aan. Het
deugt niet tussen Thijs en Gullit, het loopt niet
echt lekker tussen Thijs en de pers en of het tussen Thijs en het publiek goed komt is ook nog
maar de vraag.
Alle begin is moeilijk, maar het zijne is dat des
te meer. Allereerst schijnt hij ooit een 'grapje' te
hebben gemaakt over Ruud Gullit en ik heb mij
laten vertellen dat hij sinds die tijd op de zwarte
lijst van de Verenigde Naties staat. Ze denken
daar dat hij een doorlopend visum voor Zuid-
Afrika heeft. Hoewel je over humor voorzichtig
moet zijn. Dat is een bijzonder persoonlijke
zaak. Ik heb Joris Voorhoeve eergisteren een
mopje horen maken over het lichaamsgewicht
van zijn partijgenoten en de hele fractie hing te

huilen in de bankjes. De bodes hebben tot diep in de nacht gedweild. Dus misschien heb ik de mop ook toen niet gesnapt.

Ten tweede moet hij de sphinx opvolgen, de generaal vervangen, Michels doen vergeten. Onmogelijk. Absoluut onmogelijk. Dat kan niet. Een Amsterdammer die het 'meneer Jansma' zo uitspreekt dat de man op zijn eigen achternaam gaat lijken is goud waard. Michels geeft ook altijd een antwoord dat je niet verwacht, terwijl ome Thijs afgelopen woensdag zat te praten als een trainer, een Jacobs, een Berger, een Kraay. Duizend gemeenplaatsen op een rij, manoeuvrerend om de waarheid, steeds denkend aan zijn volgende functie. Tussen haakjes: let ook op de regenjas.

De goede luisteraar moet trouwens nog iets anders opgevallen zijn. 'Onze Tom' van Studio Sport was in gesprek met de enige Nederlandse voetballer bij wie ik ooit zou willen onderduiken: Arnold Mühren. Midden in het gesprek hoorde je kloppen en daarna kwam Thijs binnen. Kloppen op een studiodeur is het aller-, allerergste. Tijdens een uitzending kloppen. Hij was natuurlijk nerveus. Hij moest even weg van het feestje waar Marco, Ruud en Frank (lees: Frenk) met Michels heerlijke herinneringen stonden op te halen. Tranen over de wangen van het lachen, denkend aan verloren Duitsers en uitzinnige taferelen. Dan ga je al gauw kloppen op de deur.

De goede kijker moet het ook opgevallen zijn dat toen hij tijdens de wedstrijd in beeld kwam zijn naam verkeerd gespeld werd. 'Librechts' stond er. Gezien de grap die hij ooit tegen Gullit maakte niet eens zo'n slechte woordspeling, maar als je bondscoach bent van de Europees kampioen en de redacteur van dienst weet niet hoe hij je naam schrijft dan is het toch niet best met je. Daarbij kwam Michels drie keer in beeld, zonder ondertitels. Thijs één keer. Meer niet.

Het volgende gaat gebeuren: Over twee jaar loopt het contract tussen Michels en die enge Duitse aspirineclub af en is hij vrij. Het Nederlands elftal (lees: Milan) heeft zich geplaatst voor de WK, Libregts is met een jaar salaris richting Excelsior en in alle rust keert Rinus terug. Of we dan eindelijk wereldkampioen worden weet ik niet, alleen weet ik wel dat het bordje 'binnen zonder kloppen' van de studiodeur verdwijnt en dat er weer een hoop valt te lachen na de wedstrijd.

KURZ

'Kurz Lindner' stond er aan het begin van dit seizoen al op een spandoek in De Meer te lezen. Amsterdamse humor heet dat. Inmiddels is het al gebeurd. Woensdagavond vielen de condoleances van de families Van Eekelen en Van der Linden op de mat van de ontslagen trainer. Ondertussen werd Ajax met 4-1 opgerold, afgedroogd en weggehoond. Door PEC Zwolle. Door wie? Door PEC Zwolle. Als ik mij niet vergis hebben ze daar een tribune die de 'Johan Cruyfftribune' heet. Droever kan het echt niet. We hebben best een leuke spits, maar met een verdediging als een Emmenthaler blijft het dweilen met de kraan open.
De verloren zoon Johan viert ondertussen triomfen met zijn eigen Barcelona, maar of die jongens nou echt zo goed zijn? Hij had zeven sloten geld nodig om elf spelers bij elkaar te

schrapen. En hoe ging het op tournee hier in Nederland waar hij oefende met zijn mannen? Helmond Sport (ik herhaal: HELMOND SPORT) won met 3-0, de FC Lunteren hield de club van dertig miljoen op een gelijkspelletje en tegen Sparta werd het een of andere ordinaire matpartij en gingen de Barcelonaspelers gemakkelijker liggen dan hun eigen aanvoerder op Papendal. Ik denk dat die Spaanse competitie best wel meevalt.

'De competitie was nog niet begonnen,' verweerde Johan zich toen dapper. Alsof Lunteren al getraind had? Die beginnen normaal na de verjaardag van de voorzitter.

Al dat gedoe over dat heilige buitenland.

'In Spanje en Italië wordt nog echt gevoetbald,' roepen de journalisten. Maar wie voetballen daar eigenlijk?

Wij: Frenk (schrijf: Frank), Ruud en Marco. En die Diego Maradona en nog een enkele Duitser. Die Italianen kunnen er zelf helemaal niets van. Tegen Zambia, het FC Lunteren van Afrika, kregen ze met 4-0 klop en met heel veel moeite kwamen ze langs Irak. Nou heeft Irak de laatste jaren behoorlijk kunnen oefenen in lopen en schieten. Nee volgens mij is Nederland op dit moment absoluut top. We zijn niet alleen Europees Kampioen, maar we hebben ook de sterkste competitie van Europa. En PEC Zwolle wint binnen drie jaar de Europacup. Dat is een stad van harde en domme werkers. Eén van de treurigste industrieterreintjes heet daar 'De Heerlijkheid'. Als je daar als arbeider intrapt dan heerst er in zo'n dorp een goed voetbalklimaat.

Maar hoe superieur we in dit land ook zijn: met Ajax gaat het slecht. Snikkend zat ik woensdagavond voor de buis. Ik veerde nog even op toen Arnold 1-1 maakte, maar eer ik terug in mijn stoel viel was het vonnis geveld. Het was verschrikkelijk en vooral toen na dit drama dat Rotterdamse hoofd van Koos Postema in beeld kwam. Het genot waarmee hij keek, de precisie waarmee hij nog een keer de eindstand articuleerde en de toon waarop hij zei: 'Ajax staat nu op de dertiende plaats en we moeten lang teruggaan in de geschiedenis...' Het was te veel voor een Amsterdammer. Verliezen is niet erg, maar het is te bitter als er meteen na de klap een paar Rotterdamse pretoogjes in beeld komen. Vooral als je als Ajacied het verliezen niet gewend bent. Postema die weet niet beter. De laatste keer dat zijn club een belangrijke wedstrijd won was hij nog socialist. Ik blijf mijn club trouw. Ook al gaat het slecht. Tsja Koos, vertel dat maar eens aan je klasgenoten...

MACHO

Zie ik er indrukwekkend uit? Ben ik met mijn 1 meter en 68 centimeter een man om een straatje voor om te lopen? Zijn er mensen die het wit van hun ogen zwart voor hun kont zien draaien als ze aan mij of mijn postuur denken? Tot nu toe dacht ik altijd: nou nee. Eerlijk gezegd bestel ik regelmatig via een of ander vaag postorderbedrijfje 'Muscle-Powder' en halters en trekveren. Volgens de advertentie ben je binnen veertien dagen de held van het zwembad. Ik dacht dat ik bang was voor iedereen en dat dat het brosse fundament van mijn grote bek was, maar het tegendeel is waar. Ik heb mijzelf jaren onderschat. Ik schijn iets uit te stralen. Wat het precies is weet ik ook niet, maar ik heb het. Ik loop al de hele week als een macho door de stad.

Ik heb zo'n 'zeg-niks-verkeerds-of-ik-ram-blik' in mijn ogen en ik voel het ontzag. Toen ik gister op de Albert Cuyp liep gingen de ramen van de sportschool open en wuifden er wat bokshandschoenen respectvol in mijn richting. In het café heb ik sinds maandag niet meer afgerekend en er liggen drie aanbiedingen van malafide gokpaleizen die een nachtportier zoeken. Zelfs een pittbull liet het gisteren spontaan lopen toen ik de hoek omkwam.

Wat is er gebeurd? Afgelopen zondag mocht ik bij Koos Postema en Harmen Siezen de gevatte gast uithangen en mijn commentaar geven op wat actuele sportzaken.

Op een gegeven moment vroeg Koos aan mij wat er bij Ajax moest gebeuren. Zonder stemverheffing, vriendelijk en op mijn eigen bescheiden wijze antwoordde ik dat het bestuur maar eens voor de spiegel moest gaan staan. Ik bedoelde daar inderdaad mee: aftreden. Ik zei dit om tien voor half negen. Het half elf journaal vertelde ons dat het hele bestuur was afgetreden. Men voelde zich bedreigd.

Ik wist dit niet van mezelf. Ik dacht altijd dat ik even hoog was als Harmsen breed en dat men alles deed in voetbalkringen, behalve dat wat ik aanraadde.

Raar is dat, maar ik heb dit nooit van mezelf geweten.

Ook thuis ben ik enorm veranderd. Tot afgelopen weekend stond ik in opdracht van mijn hier inwonende schoonmoeder halve dagen als droogrek in de keuken, maar ook die terreur is voorbij. Ik hoef maar te kijken of het hele gezin vliegt voor mij. 'Pilsje papa? Vuurtje? Zal ik even de krant uit de bus halen?' Iedereen siddert. Als climax kwam ik gisteravond met mijn vriendin thuis en heeft mijn vrouw op de koude zolder tussen de kampeerspullen liggen kleumen. Voor het eerst in mijn huwelijk ben ik de baas in huis.

Ik wist niet dat leven zo lekker kon zijn. Zonder Stanozolol een man van de wereld. De heren Harmsen, Neefjes en Bakker: bedankt!

DROGISTERIJ DELGADO

Op de achterpagina van de NRC stond een tijdje geleden een artikel van een redacteur die zich groen, geel en blauw ergerde aan de manier waarop de NOS verslag deed van de Olympische Spelen in Seoul. Hij vond dat Postema en Siezen niet van die vervelende grappen mochten maken. Op Duitsland en de BBC ging het er een stuk serieuzer aan toe.

Vorige week ontmoette ik op een feestje een ex-topsporter die zich, net als de dienstdoende redacteur, ook verschrikkelijk opgewonden had over de manier waarop de NOS met de prestaties in Zuid-Korea was omgesprongen. Ook hij roemde de Engelsen en onze oosterburen. Verder kreeg ik er nog van langs dat ik een avond mee had gedaan aan deze onzin en bij Koos en Harmen in de studio had gezeten.

Ik probeerde hem uit te leggen dat een mevrouw

op een balk, een meneer die zichzelf drie keer tilt en andere geestelijke stegen toch wel een grapje konden gebruiken.

'Maak de sport maar belachelijk,' riep hij de buren wakker en voegde hieraan toe dat ik absoluut geen verstand van sport had. Of hij het wel had weet ik niet want toen tien minuten later Graff de wedstrijd tegen Sabattini besliste vroeg hij tegen wie Graff nu in de finale moest spelen.

We zagen deze wedstrijd 'live' bij de NOS. De BBC was halverwege al afgehaakt en als Graff een Belgische was geweest hadden alle drie de Duitse zenders het testbeeld getoond. Maar dit terzijde.

Ik wil graag terugkomen op de kritiek van de achterpaginaredacteur en de voornoemde topsporter. Ik zal niet zeggen dat het komisch duo van de NOS bol stond van de briljante grappen, maar dat de prestaties van de jongens en meisjes op deze fantastisch beveiligde Spelen met een knipoog en kwinkslag werden begeleid leek mij niet verkeerd. Is er namelijk wel gesport in Seoul? Afgelopen maandag is het Olympisch dorp uitgemest en werd er een container spuiten, capsules, pillen en druppels naar buiten gebracht. Meer dan de opbrengst van de wijkagent na een routinerondje op de Amsterdamse Spuyterkade. Iedereen, maar dan ook iedereen is voor het startschot of fluitsignaal naar drogisterij Delgado geweest en stond stijf van de anabolen en andere rommel.

Johnsson wordt openlijk genoemd als toevallig slachtoffer en alle kenners roepen dat het iedereen had kunnen overkomen. Hij is gewoon iets te laat gestopt. Rekenfoutje. Ze vroegen aan de trainer van Holy Nellie Cooman of hij het preparaat Stanozolol kende en hij trok bijna per ongeluk een fles uit zijn binnenzak.

'Iedereen kent het,' riep hij dommer dan dom.

Verder moest mevrouw Griffith zich tussen twee rondjes door scheren en in '92 in Barcelona is haar stem nog dieper gezakt dan de smalle broek van de burgemeester van Smallingerland in een Zwols bordeel.

Alle gewichtheffers doen inmiddels auditie bij de Wiener Sängerknaben en als er in één sport niet geslikt wordt slaat er een andere gekte toe. Er was een Nederlandse hockeyer in Seoul die het stom vond van zijn collega Bovenlander dat hij even ging kijken hoe het met de Duitser was die hij zojuist met zijn corner onthoofd had. Dat was niet professioneel.

De enige echte bokswedstrijd van het hele tournooi was die tussen de Koreaanse coach en die scheidsrechter uit Nieuw-Zeeland.

En om al deze treurigheid mag je niet een beetje lachen? Dit moet bloedserieus gepresenteerd worden alsof het over iets werkelijks gaat?

Volgens mij moeten vanaf nu de heren Egberts, Smeets, Bakker en al die andere truien van Studio Sport bij iedere uitzending gierend van het lachen in beeld verschijnen, proestend een record bekend maken, grinnikend een atlete interviewen en als ze een transfersom van een Ajax-speler bekend maken dan mogen ze van mij gaan rollebollen over de studiovloer. Sporters worden helemaal niet belachelijk gemaakt. Dat doen de sporters zelf. En goed ook.

GRAP

Afgelopen zondag was de topper Ajax-PSV en ik had besloten om te doen wat 52.000 mensen lieten afweten, namelijk: gaan! In Milaan zat op hetzelfde moment bij een doordeweekse competitiewedstrijd een kleine 72.000 man op de tribune en wij werkten onze topper af in een kring van vrienden en bekenden.

Soms wil Eddy nog wel eens aan Van Basten vragen: 'Wat is er nou toch zo anders in Italië?'

Ik roep al jaren dat ik geen verstand van voetballen heb en velen zullen dat beamen. Helderziend ben ik echter wel.

Voor de wedstrijd zat ik met twee vrienden op de tribune en ik voorspelde dat het plasje in het strafschopgebied onze nationale onderwijzer Van Breukelen fataal zou worden. Ik wist het, voelde het, droomde het en hoopte het. Hoewel hopen? Ik wist het zeker.

Ajax had de erbarmelijke wedstrijd volledig onder controle en speelde de Brabanders zoeker dan zoek.

De F-side zong 'We worden kampioen' en wij zaten rustig te wachten op de eerste Ajax-goal.

En inderdaad. Het gebeurde.

De domme terugspeelbal van de Belg Gerets, het gehannes van onze nationale doelman Hans en het heerlijke reageren van Witschge.

De bal bleef even liggen in het plasje en Robbie maakte het heerlijk af. Eindelijk weer eens de natuur die een wedstrijd beslist. Zo hoort het ook. Het weer moet meedoen. De ene week moet het gladde veld de wedstrijd beslissen, de week daarna moet de bal bij hevige storm de goal inwaaien en om de drie weken mag er van mij een Ajax-Liverpoolmist in het stadion hangen. Dat houdt de boel spannend.

Daarom heb ik zo'n kolerehekel aan al die enge, zweterige, tl-verlichte zaalsporten. Die vieze volleyballers die om de smash met hun snotlap de vloer oppoetsten en na ieder punt zo eng met die handjes tegen elkaar wapperen, het dirty dansen van een stelletje gereformeerde micro-korfballers of de kamikazeduik van een handballer in de cirkel van de tegenstander. Ik kan er niet tegen. Al die kermisattracties van twee meter vierentwintig die een bal door een netje dunken gaan hun gang maar. Mijn zegen hebben ze, maar ik kom nooit kijken. Het weer en het veld zijn in de zaal altijd hetzelfde en alle doelpunten lijken daarom op elkaar.

Op het veld is dat anders.

Sinds de hockeyers op kunstgras spelen is het spel er kilometers op achteruit gegaan. De beste wint bij voorbaat al en het veld kan niemand meer verrassen. Daarbij mis je de geur van de prachtige sliding.

Nu zijn er fanaten die beweren dat het een schande is dat een 'topper' als Ajax-PSV beslist wordt door een plasje. Maar dat is onzin. Die wedstrijd werd beslist door Robbie. Iedereen had dat plasje al uren zien liggen en Hans en Eric hebben van voetballen hun vak gemaakt, dus die hadden het helemaal moeten zien. Iedereen herinnert zich toch nog het 'polletje' van Van Breukelen? Daarom deed het me denken aan die mop van de Belg en de Nederlander in de bioscoop. Zegt de Nederlander tegen de Belg: 'Wedden om honderd gulden dat die blonde cowboy zo direct van zijn paard flikkert?'

'Dat is goed,' zegt die Belg.

Een minuut later dondert de cowboy van zijn paard en betaalt de Belg honderd gulden.

Bij het verlaten van de bioscoop biecht de Ne-

derlander dat hij de film al een keer had gezien.
'Ik ook,' zegt de Belg, 'maar ik dacht dat over-
komt hem geen tweede keer.'

BIJ DE PSYCH

'Als ik het allemaal kort samenvat is het een probleem dat uw man maar wat praat om te praten,' sprak de psychiater die gewoon weer een ouderwets donderdagsdienstje draaide.

'Precies,' jammerde de vrouw, 'als hij maar praat dokter, als hij maar praat. Het gaat hem er absoluut niet om wat hij zegt, het gaat hem alleen maar om het praten. Op zijn Hollands gezegd: hij lult maar wat.'

'Over bepaalde onderwerpen?'

'Meestal gaat het over voetballen. Niet dat hij daar verstand van heeft, maar meestal gaan zijn monologen daar over. De wedstrijd op tv is nog niet begonnen of je hoort mijn man al. Dwars door de wedstrijd heen en hij weet alles.

Hij corrigeert de trainer, weet welk concept hij heeft, babbelt over initiatieven vanuit het middenveld, weet wat Van Tiggelen denkt als hij de bal krijgt, weet wat Van Tiggelen denkt als hij de bal niet krijgt, enzovoort. Het ging afgelopen woensdag zelfs zo ver dat er een Duitse speler bij de bank stond te praten met die enge Beckenbauer en dat hij dan al weet wat ze bespreken en wat Der Kaiser Franz aan die speler vertelt. Hij lijkt Nederlands Kampioen Liplezen.'

'Luistert er wel eens iemand naar uw man?'

'Nee, niemand. Maar dat interesseert hem niet. Hij praat maar en hij praat maar en hij praat maar door. Ik word er gek van. Hij weet bijvoorbeeld ook waarom die Beckenbauer altijd naast de bank staat in plaats van zit. Volgens mijn man heeft het te maken met zenuwen, overwicht en concentratie, maar volgens mij zijn het gewoon aambeien.'

'Waarom komt u eigenlijk bij mij?'

'Ik heb uw naam van een vriendin van mij. Zij zit nu in de wachtkamer en is zo aan de beurt. Haar man heeft namelijk hetzelfde, misschien zelfs nog erger en zij vertelde dat u in elk geval luisterde en dat is iets wat zowel bij haar man als bij de mijne niet bestaat. Ik heb hem het wel eens geprobeerd uit te leggen, maar het is moeilijk praten met iemand die niet luistert.'

Bij de zielepeut ging nu een lampje branden.

'Is er niemand die er ooit iets over zegt tegen uw of haar man?'

'Natuurlijk wel, maar nogmaals: ze luisteren niet. Blik op oneindig, verstand op nul en de woordenbrij golft naar buiten. In het begin lijkt het nog wat, maar na drie regels krijg je door dat het alleen maar woorden zijn. Woorden, woorden en nog eens woorden.'
'Geeft u mij rustig de tijd om over het probleem na te denken mevrouw en komt u volgende week maar terug.'
'Graag dokter en vast hartelijk bedankt.'
'Geen dank mevrouw Ten Napel, graag gedaan, zegt u tegen mevrouw Poelman dat ze binnen mag komen. Tot volgende week.'

CHARITATYFUS

Wie is Piet van der Molen? Dat weet u niet? Piet is een mens. En niet zomaar een mens. Piet is een goed mens. Ik denk zelfs een te goed mens. Hij is zeker even goed als Hans Wezenaar. Even goed als wie? Als Hans Wezenaar. Misschien is die nog beter. In ieder geval ook veel te goed voor deze wereld. Veel en veel en veel te goed.

Nu wilt u weten: wie zijn deze mannen en waarom zijn ze zo goed? Ik zal dat proberen uit te leggen.

Nu trilt mijn pen, mijn zicht wordt wazig van de hete tranen en ik voel het brok in mijn keel.

Piet is voorzitter van de KNWU en Hans is baas van de fietsenfabriek Batavus.

Binnenkort houdt de Internationale Wielren Unie (UCI) een congres in Den Haag en Piet speelt daar voor gastheer.

De voorzitter heet dan een weekje President en

alleen het woord al zal hem goed doen. Het klinkt een stuk mondainer. Waarom zijn die twee heren nou eigenlijk zo goed, hoor ik u denken.

Dat zal ik vertellen.

Tijdens dat congres schenkt Piet namens zijn KNWU zes racefietsen aan een Derde Wereldland. Uit solidariteit. De UCI kent een zogenaamd Solidarity Fund en Piet stort daar even zes fietsen in.

U denkt: en die krijgt ie gratis van Batavus-Hans?

Eentje krijgt hij er voor niks en de andere vehicles worden geschonken door vijf bedrijven die ook van gekkigheid niet weten wat ze met hun geld moeten doen. Eén fiets per bedrijf dus. Zomaar gratis naar de Derde Wereld. Terecht dat Hans, Piet en nog een vazal van de fietsencompany gisteren schaamteloos in een landelijk ochtendblad prijkten. Fotootje erbij en de tekst erboven: 'KNWU laat zich van haar beste zijde zien.' Hou dan je ogen maar droog. Zes fietsen naar de Derde Wereld om daar het wielrennen te ontwikkelen. Dit is te veel, te goed, te gek.

Ik hoop voor de KNWU niet dat die zes hongernegers die op die fietsen gaan trainen zo verschrikkelijk goed worden dat ze binnen een jaar Panasonic, Superconfex, TVM en PDM tot eenzame neusdruppelende en zielige zakjes stanozolol rijden. Dat niet de hele giro op hun giro komt. Dat is vast niet de bedoeling. Maar ik heb me al laten vertellen dat dat ook niet kan. Een Batavus is de Lada onder de fietsen. Als je van je ouders zo'n Friese doortrapper krijgt schilder je hem binnen de kortste keren over tot een normaal krantenwijkbrikkie. Met zo'n ding kan je niet op het schoolplein komen. Daarmee krijg je nooit een meisje. Aan de start van de Ronde van Durgerdam lachen ze je vierkant uit en wordt het woord 'autoped' openlijk naar je geroepen.

Wat is dan de bedoeling van de actie van Piet en Hans?

De krant halen. Een geile PR-manager heeft alles geregeld en of het nou over de ruggen van de hongerlijders gaat is niet belangrijk. Als de krant maar wordt gehaald. Nou dat is bij deze dan gelukt. Van harte en nog bedankt voor de gulle gift.

HEEN & WEER

Het is toch heerlijk als je een achternaam hebt die ook je bijnaam zou kunnen zijn. Ik bedoel nu niet Klaas Boot die uit het vissersdorp Volendam komt, Joop Hiele die last heeft van zijn achillespees of Leo Beenhakker die zijn spelers opdracht geeft er een beetje harder tegenaan te gaan. Nee, ik bedoel Hans Pont, de heen en weer van de Nederlandse politiek. De man die jaren van het ene walletje at en zich nu vol vreet aan de andere kant van de sloot.

Wat heeft hij met sport te maken? Weet u dat niet? Hij wordt de nieuwe voorzitter van de Koninklijke Nederlandse Schaak Bond. De huidige voorzitter Wille wordt brugwachter bij de Turnbond en gaat kleine meisjes over het paard tillen. Pont voorzitter van de KNSB? Nog niet. Volgend jaar april pas, maar dan kan zich wel de volgende situatie voordoen:

Theo Zwart speelt tegen de Paul de Wit. Zwart heeft wit, begint traditiegetrouw en speelt zijn tegenstander helemaal zoek.

Theo is oom Jan en De Wit is zijn neefje. Hij tilt het ene na het andere stuk over het paard, kortom: het lijkt wel turnen. Op een gegeven moment moet Theo even naar het toilet. Niets menselijkers dan dat, maar nu gebeurt het: De Wit ziet dat hij kansloos is en hij weet ook dat als hij verliest zijn club degradeert. Wat doet hij? Hij gaat aan de andere kant van het bord zitten en wacht geduldig tot Theo terugkeert van het toilet. Theo heeft geen haast. Hij staat er meer dan riant voor, loopt nog even langs de bar, bekijkt ondertussen een paar andere partijen en komt terug bij een triomfantelijke Paul.

Hij kijkt een beetje raar en denkt in eerste instantie dat hij zich vergist. Net keek Paul nog zo mat en nu staat hij het zelf bijna. Vreemd. In al die jaren heeft hij toch best wel eens wat meegemaakt, maar dit? Hij speelde toch met wit? Hij heeft een vriend wiens vrouw haar haar regelmatig verft en daar doet dit hem aan denken. Beetje raar thuiskomen is dat toch. Hij kijkt naar De Wit en die doet of er niets aan de hand is. Hij kijkt zelfs een beetje geïrriteerd. Vreemde gewaarwording.

'Sorry, maar ik dacht dat ik...' probeert Theo.

Verder komt hij niet. Er valt ook eigenlijk niets meer te vertellen. Dit is volslagen uniek in de schaakgeschiedenis. Toch probeert Theo het nog een keer, maar hij stuitert op een keiharde Paul.

Om een lang verhaal kort te maken: een kort verhaal wordt lang. Getuigen worden erbij gehaald, deskundigen bemoeien zich ermee, maar niemand heeft de partij tot het moment dat het probleem ontstond in de gaten gehad. Wie zat waar en waar zat wie? Niemand weet het. Er worden commissies op losgelaten, maar Paul houdt vol en Theo begint te denken aan een cellentekort in zijn eigen bovenkamer. Uiteindelijk wordt de voorzitter van de bond erbij gehaald en hij zal het Salomonsoordeel over deze unieke partij moeten vellen.

Dit ligt voor de hand: 'Als het aan de andere kant van het bord beter is dan moet je daar gaan zitten,' roept de voorzitter principieel en doet een voorstel aan de FIDE om hier een spelregel van te maken. Als oom Hans aan zijn neefje het spel uitlegt heeft hij het dan ook niet over lopers, maar overlopers.

DE DWEIL

Wie kent Rick Volkers? Ik. Rick is een hele goede hockeyer bij het Utrechtse Kampong en heeft in zijn beste tijd nog een paar wedstrijden in het Nederlands Elftal gespeeld.

Als u ook nog even wil noteren dat hij een kleinzoon van de legendarische Ajacied Wim Volkers is dan spreken ook de voetbalkenners zijn naam voortaan met diep respect uit.

De laatste dagen moet ik steeds aan hem denken. Hoe dat komt? Dat komt door de ordinaire dorpsrel tussen de heren Geesink en Vonhoff. Zij hebben ruzie over wie er in zijn carrière meer recepties van sponsors en overheden heeft afgelopen en wie er het langst geleden op eigen kosten in een restaurant heeft gegeten. En dit allemaal in het belang van de topsport.

Geesink wil zijn hongerloon snel vergroten en heeft daar een zekere Van den Wall Bake voor in de arm genomen.

Heerlijk, zo'n hockeynaam die op geen loonlijst past. Hij heeft een burootje dat de naam 'Trefpunt' draagt en moet daarmee steeds zoveel mogelijk geld voor een sporter of een bond bij elkaar bedelen.

Wat heeft hij met Rick Volkers te maken? Voor mij veel.

Een paar jaar geleden was er een of ander vaag en zinloos hockeytournooitje in het Amstelveense Wagnerstadion en Van den Wall Bake had het zogenaamde 'Promodorp' neergezet. Dat is een tentenkamp waar hockeyers een weekendje zorgeloos proletarisch kunnen winkelen.

Ook alle borden om het veld had hij geregeld en op een gegeven moment verscheen op het hek achter het doel een tekst op een theedoek: RICK IS ROSSI. Dit was de bijnaam van die aardige jongen uit Utrecht.

Ik geef toe: een punt van het doekje viel over een letter van een van de sponsors. Opeens kwam daar een blazer het stadion in, liep rustig langs het veld, in zijn hand brandde het nagelschaartje en bij het doekje aangekomen knipte hij het resoluut los, vouwde het op en verdween ermee in de catacomben.

Het was zo'n prachtig tafereel, zo'n indrukwekkende seance. De blazer was Mister Trefpunt himself en zelden heeft een spandoekje zo'n indruk op me gemaakt. Dat kleine lapje tussen al die borden van de multinationals en de vazal van het grootkapitaal die het los komt knippen. Het was meer dan vertederend. Elke familie heeft zijn eigen nul, maar als mijn broer als nitwit met een nagelschaartje een stadion binnenkomt om een doekje weg te knippen, verander ik mijn achternaam onmiddellijk.

Maar één ding was op dat moment maar al te duidelijk: Het ging dat weekend niet om de sport, maar om de sponsors. Vroeger ging het om de krijgers, nu om de gevers.

En de bobo's die tussen de krijgers en de gevers zitten zijn de ergsten. De huidige ruzie tussen Vonhoff en Geesink is niet omdat de heren de sport een warm hart toedragen en hopen dat de sporters door hun toedoen meer geld krijgen, maar omdat hun eigen kilo's onderhouden moeten worden. Twee ijdeltuiten vechten om de macht. Het is opkomen voor jezelf en voor verder niemand. Toen de politie onlangs voor zichzelf opkwam noemde Vonhoff hen 'schorem'.

Eigenlijk moeten wij als publiek, gepeupel, Jan Hagel bij binnenkomst van ieder stadion even respectvol en dankbaar knikken naar de skyboxen en het vipvak en devoot kijken naar de poenpooiers die de blinkende bojo uithangen.

Ik vind het wel prettig dat ik me van dat bewuste hockeytournooi niet één naam van een sponsor of een official kan herinneren en de naam van Rick Volkers staat mij door dat zielige incident nog helder voor de geest.

Dus als Van den Wall Bake wil dat wij namen van sponsors goed onthouden dan staat hem maar één ding te doen: Sloop ze!

MOORDSPORT

Speler L. van der W. van DS'79 heeft een officiële aanklacht ingediend tegen keeper W.K. van AZ '67.

W.K. schijnt Van der W. zo verschrikkelijk mishandeld te hebben dat hij zelfs buiten westen van het veld gedragen moest worden. Van der W. heeft maar liefst zes uur op het Alkmaarse politiebureau zitten uitleggen dat hij niets heeft gedaan en vervolgens zelf een klacht ingediend tegen de man die gewond in het ziekenhuis ligt bij te komen.

Scheidsrechter Van Mierlo is nog steeds niet in staat om over het incident te praten. Maandag gaan de hechtingen uit zijn lippen en wordt de fluit uit zijn keel verwijderd.

Je komt in Alkmaar als gevangene gemakkelijker uit de bajes dan als scheidsrechter uit het stadion.

Ondertussen is wel de volledige aanhang van AZ gearresteerd. Alle drie. Het schijnt dat R.K. van PSV zich wel kan vinden in de doodschop van Van der W.

'Pure klasse,' zei hij niet om het zichzelf verder niet al te moeilijk te maken.

Ook bij de club van Beenhakker neemt een aantal spelers de naam van de trainer wat al te letterlijk. De strafcommissie van de Spaanse voetbalbond is drie dagen bezig geweest om alle incidenten in de wedstrijd Real-Atletico rustig te bekijken.

Doelman B. van Real staat voorlopig op nonactief en moet zijn gedrag volgende week komen uitleggen. De beelden hebben uitgewezen dat hij zijn tegenstander Urujuela probeerde te slaan en dat hij daarbij zichzelf raakte. Diverse Belgische clubs zijn onmiddellijk in hem geïnteresseerd.

B. wilde zelf geen commentaar geven op de gebeurtenissen. Introverte jongen dus.

Real besliste de wedstrijd in blessuretijd.

Ondertussen is aanvoerder Jan W. van Ajax voor drie wedstrijden geschorst en mag hij voor de rest van het seizoen geen aanvoerder meer zijn. Beetje bonje met Jaap S. van Volendam. Even de voeten van S. als kokosmatje gebruikt om de modder tussen zijn noppen vandaan te schrapen. Kan gebeuren. Voetbal is zo langzamerhand een moordsport.

De amateurs doen elk weekend de profs na en dit resulteerde in drie doodsbange scheidsen bij Sonja.

Elke maandagochtend staat er een file voor de spreekkamers van de doktoren en de peuten, die de heren zo snel mogelijk moeten oplappen voor de wedstrijd van de volgende week.

Zolang ze nog op te lappen zijn. Tussen een lek enkelbandje en een doodschop zitten nog een hoop kwalen, maar het aantal deelnemers aan de Wereldspelen in 1990 in Assen groeit gestaag. Gaan die eigenlijk wel door? Ik zou als gehandicapte niet naar die stad durven.

Iedereen heeft afgelopen week de foto van dat aan de muur geketende meisje gezien. De foto is genomen in het Van der Boeyenoord in Assen. De naam van het tehuis verzin je niet. Als men in Assen zo omgaat met de gehandicapten kunnen ze die spelen beter naar Berlijn verplaatsen.

Waarom?

Meer muur.

GAS & LICHT

De officier van justitie sprak over 'het topje van
de ijsberg' en ik verwacht dus dat aanstaande
zondag de ME niet oprukt naar de F-side, maar
een inval doet in de sky-boxen.
Dat levert sowieso al een spits aan Rolexen en
bontjassen op en als de subyups van de F-side de
portefeuilles moeten legen dan zie je na de wedstrijd een zwaarbewaakte geldtransportauto met
de spatlappen over de grond het stadion verlaten.
Hevig verlang ik naar de tijd dat De Tijd De
Tijd nog was. Toen had je daar een chef-sport
en die zou hier een in roomboter gebakken verhaal over kunnen maken. Wij katho's smulden
elke maandagavond van zijn oh zo kritische vi-
sie op het vuige voetbalwereldje.
Maar ja, je gooit de ruiten van de bank in tot je
eigen geld er ligt.

Toen was hij nog journalist en later was hij de grote baas van Inter Football.

Allereerst moet ik kwijt: ik heb niets tegen De V.

Ik ken de man alleen maar middels een boekje dat hij ter gelegenheid van de vijftigste verjaardag van de legendarische Sjaak Swart heeft geschreven. Dat boekje gaat bijna alleen maar over De V. zelf en heet dan ook 'Tussen de benen'.

Als Sjakie-fan moest ik meer dan bitter wenen. Daar schijnt het trouwens ook gebeurd te zijn. In Wenen. Hij heeft daar met voorzitter H. onderhandeld over de miskoop Gasselich en toen is er een verschil ontstaan tussen de aankoopprijs van Ajax en de verkoopprijs van de Oostenrijkers.

Om misverstanden te voorkomen hebben H. en De V. het verschil overgemaakt naar een goed doel in Zwitserland. Ik moet u eerlijk zeggen dat het me aan mijn reet zal roesten of het verhaal dat deze week in een discutabel blad stond waar is.

Wel is het aardig om te horen dat hij dus te maken heeft gehad met de aankoop van Gasselich. Binnen een week heette die man bij ons op de tribune 'gas en licht' en niemand kan zich één spectaculaire actie of één fraai doelpunt van deze meer dan sneue Oostenrijker herinneren.

Het waren geen Rolls Roycejaren bij Ajax, maar Felix was de Lada van De Meer. Wij dachten dat hij de skileraar van de dochter van Aad de Mos was en dat hij na een dronken weekend bij de familie was blijven hangen. In Diemen vindt men op de vreemdste plekken nog ballen die hij vanaf een meter voor doel heeft overgeknald. En nu Ajax net weer een beetje goed gaat komt adviseur De V. met een nieuwe spits op de proppen. De naam is 'Fiscus' en hij heeft zich gisteren al op de training gemeld. Hij kost meer dan vijf miljoen, maar ik voorspel nu al: je zal nooit iets van hem zien. Geen doelpunt, geen actie, geen corner. Hij wordt de Gasselich van de jaren negentig.

Ons grote Ajax van weleer gaat op deze manier aan puin en als het zo doorgaat spelen ze volgend jaar bedrijfscompetitie tegen de KEP onder leiding van Wiel Coerver.

De baas van Inter Football moet shirtjes schilderen en reclameborden sjouwen, maar hij moet zich niet met Ajax bemoeien. Gewoon bij de beste stuurlui blijven.

Al is het maar uit respect voor de grote Sjaak Swart.

HET DOELPUNT

Voor mij was 1988 het jaar van het doelpunt van Van Basten. Ik heb het nu over HET doelpunt. Natuurlijk kunnen we het hebben over de drie gouden van Yvonne, de testikels van Gert Jan, de drogisterij van Pedro, de apotheek van Ben, de tranen van Florence, de Jezus van Carl, maar voor mij geldt in 1988 maar één hoogtepunt en dat is die goal. De Russische keeper staat nog regelmatig op een bijveld van Dynamo te passen, te meten en te rekenen, maar steeds komt hij tot de conclusie dat de bal er niet in kan. Onmogelijk. Hij weet het meer dan zeker, maar ja... Met zo'n doelpunt word je Voetballer van het Jaar en behoor je in eigen land ook Sportman van het Jaar te worden.

Ik heb niks tegen Steven Rooks. Het is ongetwijfeld een aardige jongen, goed voor zijn moeder, klimt als een geit en slikt nog geen sinas-

prilletje, maar hij heeft niet dat doelpunt gemaakt. Dat ene.

Vanavond trekt Arnold Mühren zich af en toe
terug in zijn stoel, neemt een hapje van zijn olie-
bol en terwijl hij kauwt denkt hij aan de voorzet. Hij leek iets te ver... leek. Inderdaad de leek
vond hem iets te ver, de kenner twijfelde en
Marco nam hem op zijn slof. Arnold is te bescheiden om zichzelf te presenteren als de
grondlegger van het doelpunt van de eeuw,
maar hij is het wel. Vanavond roept zijn vrouw
hem regelmatig tot de orde en maant hem te
luisteren naar een verhaal van de kinderen of de
grappen van Gaaikema.

Maar Arnold luistert niet. Hij zit met zijn hoofd
in München. Ach eigenlijk gaat het met ons allemaal zo. Als we terugblikken op '88 denken we
aan die ene goal.

Tot ver in Nepal is het schot duizenden keren
getoond, kleine Berberjongetjes in het Atlasge-
bergte huilen zijn naam als ze voetballen tussen
de schapen en in de sloppenwijken van Rio wil
iedereen HEM zijn. Marco van Basten. Was hij
Italiaan dan huilde het hele volk van de knie tot
diep in het puntje van de laars nu nog, was hij
Spanjaard dan hing zijn foto in alle openbare
gebouwen en was hij Portugees dan maakten de
kapelaans overuren om alle aangevraagde Heili-

ge Missen te zijner intentie te kunnen opdragen. Maar hij is Nederlander en bij ons wordt hij tweede. Achter Steven Rooks. Een jongen die hard kan fietsen. Heel Nederland kan hard fietsen. De een wat harder dan de ander en Rooks het hardste, maar dat houdt nog niet in dat je dan Sportman van het Jaar moet worden. Het is een keuze van de sportjournalisten van Nederland en ik vind dat zij maandag a.s. verantwoording aan hun lezers moeten afleggen.

Ze moeten openlijk bekennen voor wie ze gestemd hebben en als dat voor Rooks is dan moeten de lezers de krant een jaar boycotten en daarna hun abonnement opnieuw in overweging nemen.

Nogmaals: ik heb niets tegen Steven Rooks. Hij mag van mij de komende tien jaar Sportman van de Benelux, Europa en de wereld zijn, maar dit jaar niet. Na zo'n doelpunt kan het niet. Toeristen dienen ons land komend jaar te mijden, de wereld moet een handelsboycot tegen ons instellen en de koningin doet er verstandig aan om dit jaar met de jaarwisseling thuis te blijven en niet met wintersport te gaan. Het is niet voor niks dat onze luchthaven inmiddels is bedreigd door internationale terroristen. Als je zo met je vedetten omspringt dan vraag je daar om.

Laten we bidden dat het allemaal goed afloopt

en als Steven Rooks verstandig is belt hij het ANP en levert hij alsnog de prijs in. Dat kan het acht uur-journaal nog net meepikken en hebben we allemaal een hele andere oudejaarsavond. Als hij dat doet is hij voor mij de Sportman van het Jaar.

HENK MOET BLIJVEN

De transfer van het jaar is niet Ronald Koeman voor 25 miljoen van PSV naar Barcelona, maar is de 'twee van Breda' voor nul komma niks naar hun oude Duitse club.

Alle kranten stonden bol van dit belangrijke nieuws en in die tijd is hij er stiekum tussenuit geknepen. Superbobo Henk Vonhoff. Opeens was ie weg. Op staande voet vertrokken. Klein berichtje op de voorpagina en verder niets. Maandagochtend stond-ie voor de verbaasde neus van de portier van het Groningse provinciehuis. Die vroeg met wie meneer een afspraak had. Hij is weer gewoon aan het werk.

Wel op zoek naar een nieuw erebaantje. Want het verschil tussen Seoel en Heiligerlee hoef je hem niet uit te leggen. En je naam elke dag in de krant werkt ook verslavend.

Maar voorlopig is-ie weg. Het werd geen indrukwekkend afscheid. Weinig drama. Werkelijk niemand heeft getreurd. Er verschenen geen artikelen met een analyse hoe we hem hadden kunnen behouden en er is nog steeds geen actiegroep van topsporters die dreigen de komende spelen te boycotten als hij niet terugkeert. Je hebt eerder de indruk dat iedereen opgelucht ademhaalt. Behalve ik. We kunnen namelijk niet zonder hem.

Elk dorp heeft toch zijn types en die mogen toch niet zomaar weg. Heel de wereld heeft onze eigen Henk zien zwaaien tijdens de openingsceremonie in Seoul.

Hij feliciteerde in Calgary Herbert Dijkstra met zijn zilveren medaille terwijl hij Jan Ykema moest hebben.

Volgens mij moet Saar Boerlage hem nog altijd op haar blote boodschappenknieën bedanken dat hij toen in Lausanne was. Het hele IOC schoot zo in de lach dat Amsterdam meteen afviel als kandidaat voor '92.

Of ijdelheid de buitenboordmotor van zijn bestaan is interesseert me niet. Henk moet terug. Terug in de wereld van de Westerterpjes, de Greepjes, de Hogewoninkjes, de Geesinkjes en al die anderen die zichzelf zo onmisbaar hebben gemaakt. Cabaretiers en columnisten moeten van dit soort figuren leven. Alleen in dit hoekje van de krant heb ik hem de afgelopen anderhalf jaar liefst tien keer mogen knippen en scheren. En nu moet ik het in één klap zonder hem doen? Dat noem ik cold turkey afkicken.

Daarom smeek ik Henk Vonhoff om terug te keren in de wereld van de sport. Dat is trouwens één van de belangrijkste eigenschappen van de werkelijke sportman. Terugkomen.

Het publiek hoont, jouwt en fluit, maar jij weet dat je terug zal keren en denkt: wacht maar.

Kom op Henk, laat je niet van de bestuurstafel vegen door een stelletje types die 'de lucht van de kleedkamer kennen'. Jouw eigen lucht moet genoeg zijn om al je tegenstanders te bedwelmen. Wat nou 'lucht van de kleedkamer?' De juiste ingang in Den Haag. Daar gaat het om.

Van der Louw kent ook het verschil niet tussen een pass en een pas, maar hij weet wel hoe je zonder pincode bij de minister binnenkomt.

Bel de partijlijn, noteer alle aangeboden recepties van de komende twee weken, zeg tegen je secretaresse dat je even weg bent en lobby je suf. Je moet terug Henk. Slijm, smeek, huil, lik, kruip en bedonder. Maar kom terug. Mijn gezin moet ook leven.

FILE

Vorig jaar won Yvonne drie gouden plakken. Clownsdopje op haar neus en zestigduizend werklozen op een doordeweekse dag op de Grote Markt van Haarlem. Wij zagen diepte-interviews met haar ouders, haar vriend, de buren, de buren van de buren, daar de buren van en dan ook nog met diverse overburen. Yvonne zelf kwam in alle amusementsprogramma's, verdrong Madonna van de covers van de familiebladen en een smakeloze manager drong haar zijn intens burgerlijke smaak op. Dus reed ze al gauw in een Mercedes.

Onze eigen kroonprins werd verliefd op haar en zij werd onze nieuwe koningin. Heel Nederland wilde haar als schoondochter, dus waarom Trix niet?

Mooier kon het niet. Alle actualiteitenrubrieken maakten sfeerimpressies van de training. Heel

Nederland donderde over haar heen en viel haar lastiger dan lastig. Dat is een jaar geleden. Drie gouden plakken bengelen aan een IKEA-lampje op haar meisjeskamer, de boekenplank buigt nog onder de plakboeken en in de hoek liggen nog wat losse videobanden.

Ze bekijkt de schade van het afgelopen jaar. Het is stil in de straat, veel stiller in huis en nog stiller in haar hoofd. De telefoon rinkelt niet en na een uur gaat ze kijken of de stekker er wel in zit. Die zit er gewoon in.

De vorm is zoek. Ze leest wat krant en constateert dat het lopend buffet van Motel Van der Valk in Uchelen harder loopt dan zij. Zelfs het wisselen ging niet meer. Met een Mercedes hoef je ook nooit naar de rechterbaan.

De post brengt een rood girootje, het kerkblad en De Kampioen.

Dan hoort ze op de radio dat er een file van twintig kilometer voor Amsterdam staat.

Ze komen dus toch, denkt ze en loopt naar de spiegel om zich een beetje op te tutten.

Twintig kilometer. Zijn dat zestigduizend mensen? Hoeveel mensen gaan er in een kilometer? De file stopt bij de RAI. Niemand heeft het plan om door te rijden naar Haarlem.

Terwijl Yvonne een babbelbox belt om een beetje bij te praten, verslaat Timman Portisch, lacht

Erwin Ronald uit en vergapen zestigduizend mensen zich aan de nieuwste Mercedes.
Sterkte Yvonne.

TAARTEN UITVERKOCHT

Ik was zo bang dat het er niet zou komen, maar gelukkig gaat het door. Wat ben ik er door in de war geweest. Vorige week zegt mijn vrouw tegen mij: 'Wat is er toch? Er komt een koufront uit Schotland en misschien gaat het vriezen, dus alles komt goed.'

Zij denkt altijd dat mijn rothumeur te maken heeft met de zachte winter. Dan brandt de open haard amper, dus hak ik weinig hout en als ik niet minimaal één keer per week hout hak word ik chagrijnig en sla ik de kinderen extra vaak.

Ik had geen afdoende antwoord op mijn persoonlijke crisis. Ik was gewoon depressief. Het zwarte gat gaapte en er was maar één medicijn: Het moest er komen.

En nu is het er.

Woensdag stond het in De Volkskrant en klaarde mijn toekomst op. Hoorngeschal fietste door mijn oren, engeltjes beeldhouwden zichzelf op mijn plafond en fluisterden: 'Gefeliciteerd, het is zover.'

'Echt waar?' huilde ik. Ze knikten alleen maar en knepen hun oogjes geruststellend toe.

Ik liep naar boven en stond tegenover mijn eerste vrouw.

'Het is er,' fluisterde ik, 'we kunnen verder.'

Ze greep zich vast aan de strijkplank en zei:

'Niet te geloven. De sportwereld is gered. Als jij een taartje haalt dan hang ik de slingers op.'

'Als de taart niet uitverkocht is,' riep ik en spoedde mij richting de bakker.

En ik had gelijk. 'Taarten uitverkocht' stond er op een kartonnetje op de deur.

'Dat zat erin,' zei ik tegen het heerlijke meisje van de bakker.

'Leuk hè!' zong ze terug, 'wie had dat nou verwacht?'

'Het worden vette jaren Anja,' zuchtte ik over de toonbank.

'Dat denk ik ook meneer Van 't Hek,' sprak ze zacht.

'Zal ik in plaats van taart nog één keer het berichtje uit De Volkskrant aan je voorlezen,' opperde ik een beetje ondeugend. Ik vind haar al jaren niet te versmaden, maar zover was ik nog nooit gegaan.

'Jottem,' bakviste zij twinkelend, 'maar dan moet u het wel langzaam lezen. Dat vind ik het lekkerst.'
Ze haalde gauw de krant en had onderweg de sportpagina al opengeslagen. Ik haalde diep adem en begon:

Na de opheffing van het Nationaal Sportoverleg heeft de Nederlandse Sportfederatie een nieuw podium geschapen, waar sport en maatschappij elkaar kunnen ontmoeten, het 'Platform Sport en Maatschappij'. Naast de oude partners sport (vertegenwoordigd door NSF-voorzitter Schreve) en overheid (staatssecretaris Dees van WVC) zijn bij het nieuwe overleg het bedrijfsleven (VNO-voorzitter Van Lede) en de media (NOS-voorzitter Van der Reijden) nauw betrokken.

Uitgangspunt bij de eerste vergadering, dinsdagavond in Zeist, was het WVC-rapport over de macro-economische betekenis van de sport. De vaststelling in dat rapport, dat sport een belangrijke rol speelt in de maatschappij en ook in economische zin van grote betekenis is, werd door alle partners onderschreven.

Op basis daarvan formuleerde de NSF een aantal vragen aan de partners. Daarbij gaat de sportfederatie ervan uit dat in de sport ook nog veel verbeterd moet worden.

In het bijzonder werd aandacht besteed aan het
onderwerp sponsoring en reclame.

'Dat was het?' fluisterde zij.
'Dat was het,' zei ik nog steeds een beetje ont-
hutst.
Ze liep op me toe, kuste mij zacht en nat op beide wangen en zei: 'Nog drie van dat soort be-
richten en we kunnen de bakkerij verbouwen.'
Blozend verliet ik de winkel en maakte een klein
huppeltje toen ik de hoek om was en niemand
me zag.

BOBSLEEBAAN

In het Midden-Oosten heb je nog wel eens een sjieke sjeik die zo verschrikkelijk bulkt van de dollars dat hij niet weet wat hij met zijn geld moet doen. Zo'n man komt in Londen, ziet de Big Ben, vraagt wat het ding moet kosten en doet een bod. Hij krijgt hem niet, maar binnen een half jaar staat er een kopie op ware grootte in een tochtige woestijn in de schaduw van de Eiffeltoren.

Amerikanen hebben daar ook nog wel eens last van. Zo prijkt er ergens in de States een Magere Brug op het landgoed van een rijke stinkerd. Zij het dat dit de echte Magere Brug is. Wij hebben hier in Amsterdam een kopie.

Dit soort is zo puissant rijk dat het van gekkigheid niet weet wat het moet doen. Droomt hun zoontje op een nacht dat hij coureur is dan wacht hem binnen tien dagen een bolide, wil hij

Boris Becker worden dan bouwt paps een Wimbledon en roept hij een keer: 'brandweerman,' dan fikt alles binnen vierentwintig uur.

Toch wordt hij nooit wereldkampioen omdat het materiaal pas op het eind beslissend is. Eerst moet je het kunnen. Ik ben dit jaar op wintersport geweest en zag de duurste turbopakken het hardste op hun bek gaan.

Het is altijd een beetje zielig. De Nouveaux Riches met hun short kick. Elke week een ander speeltje.

Zo heeft er nu een of andere gek in de Haagse Houtrusthallen een totaal atletiekstadion aangelegd met werkelijk alles erop en eraan. Hij had achttien miljoen te veel of over of hij wist niet dat hij het had en flikkerde het in de Houtrusthallen. Holy Nellie, Emiel Mellaard en Hamstring Druppers hebben de sleutel en mogen er de hele dag in ronddollen. Afgelopen weekend hebben ze hun vriendjes uitgenodigd, maar niemand kon of wou of had zin. Ze vroegen of de buren kwamen kijken, maar iedereen verzon gauw een smoesje of ging lekker hardlopen in de stralende zon.

Bij de NOS waren ze zo stom om in een contract te stinken en nu moesten ze al die onzin uitzenden. Theo Reitsma zat in zichzelf te praten want niemand, maar dan ook niemand luisterde.

Op de tribune zaten de families Cooman, Druppers en Mellaard en deze gezinnen hadden ook corvee. Het was zo gezellig dat ze het woensdagavond nog eens over gedaan hebben. De eerste keer noemden ze het 'EK' en de tweede keer 'gala'.

Voor volgend jaar hebben ze ook alweer het een en ander verzonnen. Of het goed gaat met ons land. Ik dacht het wel.

Drie gezinnen met een hobby en het hele volk speelt voor sjeik. Dan praten we toch niet meer over een economische crisis. Mag ik als bekende Nederlander in 1993 de eerste officiële bobsleebaan openen? Ik heb namelijk een zoontje dat droomt.

LIEF

Afgelopen week las ik in een krant dat AZ veroordeeld is tot het spelen van een wedstrijd zonder publiek. Lief hè?
Verder ben ik deze week erg in de war door het aftreden van het sectiebestuur Betaald Voetbal. Vooral voor Van der Louw vind ik het zielig. Hij maakte ooit een huilerige indianendans toen Nieuw Links een overwinning behaalde en twintig jaar later verklaarde hij dat als er ooit weer oorlog kwam hij bij Ton Harmsen zou onderduiken. Laat ik zeggen dat Ton Harmsen twintig jaar geleden op een geheel andere dansles zat. Inderdaad: Bij Harmsen wil ik onderduiken en bij Van der Louw nooit. Stel dat die oorlog twintig jaar duurt en je zit bij die snor in de kelder. Lief hè?
Eric Vilé schijnt zich de afgelopen maanden een beetje te hebben opgedrongen richting een of

ander bestuur. Niet officieel, maar in de marge. In de wandelgangen. Heeft wel eens een borrelnootje laten vallen op een receptie. Op die manier dus. Informeel heet dat. Wedden dat hij ooit in zijn leven een ruiten broek heeft gedragen? Lief hè?

Afgelopen woensdag mocht ik optreden in Alkmaar en daar was tevens de wedstrijd AZ-PSV. De weg van de snelweg naar het theater komt langs het stadion, kortom: Alkmaar is een dorp. Opeens zat ik met mijn stressbestendige middenklasser tussen honderd Eindhovense pubers in de leeftijd van twaalf tot twintig. Omringd door een peloton ME-ers. Nog nooit had ik het probleem van zo dichtbij gezien, maar ik dacht maar één ding: Lief hè?

Trainer Jan Reker van Roda JC is naar aanleiding van de negen gele kaarten tegen Sofia door de UEFA geschorst.

'Ik snap het niet,' vertelde de trainer, 'ik ben steeds naar de lijn gelopen om de spelers tot rust te manen.' Lief hè?

Ruud Gullit is net zo'n jongen als u en ik en mijn vader en mijn buurman en daar de buurman van. Hij heeft een beetje meer voetbaltalent dan u en ik en mijn vader en mijn buurman en daar de buurman van. Meer niet. Nu krijgt hij van een door zijn eigen geld volslagen gek geworden Italiaan negen miljoen gulden per jaar aangeboden. Hij moet er nog even over nadenken. Lief hè?

De trainer van Ben Johnson heeft verklaard dat Ben nachtelijks aan het infuus met anabolen sliep en elke ochtend een kilo spieren zwaarder wakker werd. In de atletiekwereld is met oprechte verbijstering gereageerd. Lief hè?

Gisteravond in een café vroeg iemand mij: 'Is het niet moeilijk om wekelijks een onderwerp voor je column te vinden?' Lief hè?

VERHUISDOZEN

Ik heb zo'n heerlijk trainersgevoel. Ik ga verhui-
zen en voel mij daardoor een gemiddelde trainer
van een gemiddelde tweede divisieclub in een
middelgrote stad ergens in Nederland die met
heel veel moeite zijn diploma bij elkaar gesprok-
keld heeft. Zo'n type dat aan het eind van een
wat rijkelijk besproeide verjaardag nog wel eens
aan de beschonken kring zwagers wil melden dat
hij het in principe verder heeft geschopt dan
Willem en Johan. De een heeft geen papiertje en
de ander heeft het ook nooit echt gehaald, maar
gekregen.
Vanwaar dit trainersgevoel? Mijn haar laten
permanenten? Een tweedehands Mercedes gekocht? Niets van dat al. Het komt door de ver-
huisdozen. Volgens mij leeft een beetje trainer
altijd tussen dit karton. Elk moment dat de telefoon gaat kan hij ontslagen zijn of belt een an-

dere club met een aanbieding. Het lijkt me als speler van zo'n club elke middag weer spannend wie er het veld opkomt en zich voorstelt als de nieuwe trainer. Het valt me vaak op dat voetballers hun trainer domweg 'trainer' noemen. Dat is natuurlijk heel slim. Het is volslagen zinloos om een naam voor een week uit je hoofd te leren.

Een beetje trainer begint in augustus bij Heracles, wordt in oktober gebeld door AZ, beslist in november dat het RKC wordt en beklimt na de winterstop de Wageningse Berg. Daar beledigt hij in een interview de sponsor annex voorzitter, is tot eind maart werkloos, tekent in april bij Cambuur en krijgt daarna een dusdanig aanbod uit de Lange Leegte dat hij alsnog besluit naar Veendam te gaan. Daar roemt hij tegen de plaatselijke journalist de werksfeer, de skyboxen en de centrale ligging van de stad. Tot hij een half jaar later het spelersmateriaal kreupelhout en natte kranten noemt. Dan is hij blij dat hij de dozen nog niet had uitgepakt. We wachten nog op de trainer die op een ochtend het bijveld van Excelsior betreedt en met de Coopertest wil beginnen. De selectie kijkt hem verontwaardigd aan, de gepensioneerden twijfelen een seconde en de trainer schreeuwt iets te hard dat ze a.s. zondag naar Deventer moeten en dat het daar altijd lastig is. Lacherig wacht meneer Van Dale op antwoord en vertelt dat ze niet naar Deventer moeten maar naar MVV en dat hij die dag trainer is. 'Dit is toch SVV,' mompelt de trainer.

Het elftal schudt nee en schaamrood snelt de oefenmeester richting Schiedam. Daar komt hij op zijn eerste werkdag te laat en...

Inderdaad: hij wordt ontslagen.

Bij Vlaardingen hebben ze de hele ochtend tevergeefs op hem zitten wachten.

Daar moest hij eigenlijk zijn.

DE MUTS

Afgelopen zondag mocht ik naar Ajax-Feijenoord. Een wedstrijd in de schaduw van de Sheffield-ramp.

Het stadion was verdeeld. Vijfenvijftigduizend aardige mensen en vijfhonderd die de sfeer bepalen, een hek breken en de krant halen.

Iedereen keek naar beide wedstrijden. De ME versus de supporters en het aangekondigde Ajax-Feijenoord.

Vanuit vak L zag ik hoe er steeds een vers blik ME werd opengetrokken en als ik mijn hoofd weer richting het veld draaide zag ik hem. De Muts. Midden in ons Ajaxvak zat hij op een trappetje.

Een groene loden jas met op het hoofd een gebreide Feijenoordmuts. Door die jas leek hij een geflipte corpsbal, maar die ontroerende muts zuiverde hem van alle blaam.

Zo'n jaren-nog-wat-muts. Hij moet tijden in een la hebben gelegen en er op die zondagochtend uit zijn gehaald. Tegenwoordig is iedere supporter getooid met Engelse shawls en petten, maar met een muts...

De muts was zo mooi rood van kleur en al die jaren met tederheid behandeld. Dreft? Fleuril? Dobbelman?

Het wapen van Feijenoord stond erin. SPORTCLUB FEIJENOORD ROTTERDAM.

Wat een held, dacht ik.

Midden in het Ajaxvak met een Feijenoordmuts met een pluim op je hoofd. Ik keek op mijn horloge, maar dat stond gewoon op 1989.

Toen Feijenoord 0-1 maakte sprong hij op. Als enige in ons vak en hij jubelde lang en hevig. Iedereen lachte naar elkaar. Bedroefd door de goal, maar verliefd op de muts.

Als de muts zelf zou kunnen praten dan zou hij de namen Moulijn, Kindvall, Hasil, Wery en Tsjuiphoff fluisteren.

De muts heeft het allemaal meegemaakt. De muts *kon* praten. Opeens maakte hij zich zachtjes van het hoofd los en bromde in mijn oor: 'Het brilletje van Van Dale was mooier dan de jouwe' en ging weer terug op het hoofd. Hij zag Hiele als Eddy P.G. in zijn beste tijd.

De wedstrijd ging verder langs mij heen. De

muts was een magneet voor mijn ogen. De drager keek geconcentreerd naar zijn verliezende ploeg, maar de muts keek na al die jaren la om zich heen en vroeg zich af wat daar in de verte gebeurde. Politie, vechten, charges, rook.

'Dat zijn supporters,' zei ik.

De muts keek nog verbaasd, terwijl wij al jaren de voortdurende staat van beleg bij dit soort wedstrijden afdoen met: 'geen rellen van betekenis'.

De muts maakte mij wakker en de tranen sprongen in mijn bedroefde ogen. Alle daarop volgende doelpunten waren te mooi voor woorden, maar je kreeg mij niet meer omhoog.

Ik juichte op de automatische piloot.

Toen ik na 4-1 het stadion verliet keek ik weemoedig om. Het was mijn laatste keer Olympisch stadion. De betonrottende tent wordt afgebroken en er komt ergens een nieuw.

Of je mij daar ooit zal zien vraag ik me af.

Ik wil niet wennen aan geweld.

DOODLOPERS

Ze zitten in die makkelijke pakken
de domoos hijgen zich bedruppeld voort
't is lente dus daar komen de zakken
hun adem heeft al heel wat rust verstoord

Het zijn vaak vaders die zich te pletter lopen
tegen de veertig jaren die hun lichaam telt
je ziet ze op almaar harder hopen
soms denk je: lopen ze voor geld?

Het deel dat denkt aan altijd jong te blijven
voor het werk? Hun eega? Hun gezin?
gaat het om Spartaanse strakke lijven?
of schuilt er in de stad toch een vriendin?

Mannen met van die kale koppen
maar dan dragen ze heel zielig wel zo'n band
ze hijgen voort en zijn niet meer te stoppen
zo trekken hele legers door ons land

Ze sjoggen eenzaam door bloeiende polders
trekken zichzelf elke avond uit de klei
'harder, harder,' raast het op hun zolders
jokken er dan thuis een rondje bij

Ze lopen meestal in een keurig ploegje
ik lach hen altijd heel keurig toe
ik kijk heel kort een blik is al genoeg je
wordt van kijken naar die types al doodmoe

Zondag is mij iets ergs overkomen
ik liep rustig met mijn dochter in de zon
over haar toekomst enzovoort te dromen
maar werd ingesloten door de marathon

Een massa mens kwam zwetend door de straten
geen twee, geen tien, nee minstens een miljoen
ik stond daar dik, verlopen en verlaten
dit was voor middagdrinkers niet te doen

Zoveel zweet, zoveel vieze mensen
zoveel gehijg, zo smakeloos en luid
dit beeld kan ik mijn vijand nog niet wensen
en leg dit ook maar even aan je dochter uit

Men zegt wel eens dat sporten heel gezond is
je wordt echt lekker fit en fris en kwiek
ik denk dat de stelling heel gegrond is
maar ik blijf mijn leven lang graag meer dan
ziek

ANNA

Hoe gaat het met mijn dochter? Goed. Zij is nu negen maanden en de eerste extra hormoontjes (Olvaspeed) verwerkt zij zonder noemenswaardige bijverschijnselen. Beetje okselhaar meer niet. Veel succes hebben we met de rammelaar met lichte gewichtjes erin. Ze begint mooie, volwassen armpjes te krijgen. Op haar eerste zwemles was ze nog wat onzeker, maar nu ze twee keer per dag in het diepe ligt gaat het stukken beter. Mijn vrouw en ik popelen ons gek naar het moment dat de kleine Anna gaat lopen. Dan kunnen we met de echte trainingen beginnen. We hebben voor haar al een bedje gereserveerd op Papendal en daar zal zij onder auspiciën van de KNGB (Koninklijke Nederlandse Gymnastiek Bond) worden klaargestoomd voor een gouden medaille bij de Olympische Spelen in het jaar 2000.

Zij is dan net twaalf en dat lijkt ons een heerlijke leeftijd om met een paar plakjes thuis te komen.

Onze enige angst is dat het kind op een bepaald moment gaat nadenken en niet meer wil. Dus moeten we haar een beetje dom houden, maar dat is (als je de gemiddelde turntrainer een beetje kent) niet zo moeilijk.

Afgelopen week kwam er een rapport uit van een herstructureringscommissie en dit clubje mensen merkt terecht op dat het zinloos is om turnsters vanaf hun twaalfde intensief te trainen, terwijl je daarvoor niet genoeg aan het kind hebt gedaan.

'We moeten af van de sfeer van vrijwilligers en streven naar meer professionaliteit,' zegt de commissie.

Vandaar dat mijn vrouw en ik het met onze Anna zo aanpakken en als we enige tegenwerking van welke autoriteit dan ook ondervinden emigreren we met spoed naar het oostblok. Daar heerst namelijk wel een juist topsportklimaat.

Anna wordt een ster en in 2000 zult u verbaasd voor de buis zitten en zeggen: 'Is die pas twaalf? Ze lijkt wel zestien.'

Vol trots zal ik aan de dan kalende en brillende Tom Egbers van Studio Sport uitleggen wat wij allemaal voor onze Anna hebben gedaan en hoe

zij zo'n stoere meid geworden is. En ik zal vooral benadrukken dat het niet makkelijk is om ouder van een toptalent te zijn. Aan haar wordt
niets gevraagd want in het huidige schema zijn
we er nog niet zeker van of ze dan al kan praten.
We zien wel.

Dat schema is trouwens niet wreed. We gaan net
als bij de nu invalide turnster Kirsty Pieters niet
verder dan de pijngrens. Dat kan natuurlijk wel
eens niet goed doorkomen bij de trainers. Wat is
tenslotte pijngrens in het Tsjechisch?

En mocht het ook met Anna verkeerd lopen dan
hebben we altijd nog die heerlijke wereldspelen
in '92. Daarbij is mijn vrouw alweer zwanger
van de volgende. Dus ik hoef dan ook niet stil te
zitten.

KRAAY 2

Toen Jacobs ontslagen werd bij Groningen was
ik voor Groningen, toen hij trainer werd bij
Feijenoord was ik voor Ajax en nu ben ik voor
Kraay. En dat laatste is bijna onmogelijk, maar
vóór Jacobs zijn kan gewoon niet. Met veel
bombarie pakte Rob afgelopen week zijn kof-
fers, schold op de drempel nog even het hele
dorp wakker en dacht dat wij geloofden dat hij
zo maar de wijde wereld in trok. Dommer dan
oliekoeken en zelfs Kraay tuinde er niet in. En
dat wil wat zeggen, want Hans tuint namelijk
overal in.
Dagelijks haalt hij de krant met alles behalve
voetbal. De ene keer heeft hij een klapkuitende
middenvelder gekocht die zelfs bij FC Den
Bosch nog gewoon contributie moest betalen, de
andere keer zit hij te hyperventileren bij de radio, de volgende keer komt hij met het plan om

het stadion te overdekken, dan heeft zijn kat zelfmoord gepleegd en zo is hij langzaam aan verworden tot het testbeeld van de sportpagina's.

Wie afgelopen woensdag de half geblesseerde Gullit tweemaal goddelijk zag scoren krijgt nog kippevel op zijn oorlelletjes van genot. Wie heeft deze man ooit laten vertrekken? Kraay.

Bij Ajax rotzooi, bij PSV gedoe en nu wil hij weer van Feijenoord een topclub maken. In Rotterdam werken ze kei en keihard en als je het gemiddelde weekloon van een havenarbeider kent moet er genoeg geld overblijven om heel AC Milan op te kopen. Toch wordt Feijenoord nooit een topclub. Oorzaak? Kraay. Het is een aankoopbeleid van een chef-kok die kaviaar zoekt bij de Spar of verklaart dat er in Moskou zulke goede slagerijen zijn omdat er elke dag van die lange rijen voor staan.

De enige die echt weet hoeveel verstand Kraay van voetbal heeft is zijn zoon. Die verandert bij het zien van een bal, scheids en tegenstander in een soort lustmoordenaar en probeert in twee keer drie kwartier zijn hele puberteit te wreken. Oorzaak? Kraay. En als hij zelfs door heeft dat Jacobs de kluit belazert dan is die man natuurlijk ook een zoetwatersurfer van de onderste plank. De souffleur van de mimeclub speelt beter toneel. Daarbij: Als je de verhalen van Rinus Israël kent weet je dat je overal heen moet als trainer behalve naar Griekenland. Nachtelijk droomt deze roestvrije Amsterdammeer nog van zijn Griekse avontuur en hele drommen achtervolgen hem dan tot diep in zijn Amsterdamse koffiehuis.

Maar goed: de plaats op de bank bij Feijenoord is leeg. Hoe lossen we dat op? Thijs Libregts moet die plek innemen en Rinus Michels kan dan ongehinderd terug naar Oranje. Doe dat nu meteen want over een jaar wordt deze operatie alleen maar pijnlijk en gaat het ten koste van de concentratie van de spelers. Knip deze (voorlopig laatste) column uit, hang hem op je prikbord en lees hem volgend jaar april nog eens door. Ik krijg zeker gelijk. Nu eerst met vakantie. Waarheen? Nergens heen. Griekenland dus.